VÍNCULOS SOLIDARIOS
ENTRE JEFE Y SUBALTERNOS

VÍNCULOS SOLIDARIOS
ENTRE JEFE Y SUBALTERNOS

Enrique Bautista

Número de Control de la Biblioteca del Congreso de EE. UU.:   2014917146
ISBN: Tapa Dura   978-1-4633-9283-3
                         Tapa Blanda   978-1-4633-9282-6
                         Libro Electrónico   978-1-4633-9281-9

Este libro fue impreso en los Estados Unidos de América.

Fecha de revisión: 22/10/2014

Para realizar pedidos de este libro, contacte con:
Palibrio
1663 Liberty Drive
Suite 200
Bloomington, IN 47403
Gratis desde EE. UU. al 877.407.5847
Gratis desde México al 01.800.288.2243
Gratis desde España al 900.866.949
Desde otro país al +1.812.671.9757
Fax: 01.812.355.1576
ventas@palibrio.com
674395

DEDICATORIA

A la memoria de mi padre que me enseño a evaluar y respetar los valores humanos.

A mi madre, que atesora en su corazón gran cariño para sus hijos.

A mi esposa con el amor que siempre le he profesado.

A mis hijos, de los que he recibido más de lo que he podido darles.

Al Ejercito Mexicano que me enseño a ser hombre de honor y respeto.

AGRADECIMIENTOS

Ante la imposibilidad de nombrar a cada uno, deseo expresar mi agradecimiento para todas aquellas personas que voluntaria o involuntariamente me auxiliaron en la realización de este sencillo trabajo, ya facilitándome ideas, material, asesoramiento o bien experiencias y conocimientos.

Al C. Mayor de Inf. Ret. RODRIGO LEVARIO ARMENDÁRIZ, D. E. P. que me animo para llevarlo a cabo, aportando incondicionalmente su tiempo, esfuerzo y conocimientos.

PRETENSION

ESTE TRABAJO TIENE LA ALTA PRETENSION DE SER UTIL A TODOS LOS SERES PRIVILEGIADOS DEL DESTINO QUE EN UNA U OTRA FORMA EJERCEN EL MANDO O DIRIGEN GRUPOS HUMANOS.

"CUYA INQUIETUD ES HACERLO CADA DIA MEJOR"

ENFOQUE GENERAL

El objetivo principal de este trabajo está encaminado a mejorar la relación de los jefes, gerentes, directores, patrones, contratistas, lideres, - o como quiera llamarse a las personas que son responsables del timón de una organización,- para con los subordinados, obreros, empleados, trabajadores o asociados; con la finalidad de mejorar el ambiente de trabajo, brindar un mejor servicio, aumentar el producto del trabajo, hacer más eficientes las actividades y lograr más beneficios tanto para la organización como para sus integrantes; se pretende dar a este manual una adecuada trascendencia, ya que sus conceptos pueden aplicarse a todas las organizaciones humanas.

El apasionante tema de las Relaciones Humanas me llevó a meditar en el tipo de convivencia que existe en todas organizaciones creadas por el hombre; el jefe piensa que las relaciones entre superior y subordinado deben limitarse a respeto y obediencia por parte del segundo y que el primero solo impartirá órdenes, vigilará que se cumplan y de no ser así aplicará correctivos; además es frecuente que el jefe actúe a la defensiva para evitarse problemas, velando solo por su seguridad y conservarse en el cargo, sin importarle sacrificar la iniciativa y cooperación de los elementos a sus órdenes.

Por ejemplo: la conducción de los ejércitos modernos requiere además del saber castrense, que el comandante tenga un profundo conocimiento de la condición humana de las tropas a su mando, con el fin de asignar misiones acordes a las características de sus comandantes subalternos y obtener así mejores resultados en la aplicación de las tácticas.

Cada comandante debe transformarse en un *líder* para conducir a sus tropas mediante el convencimiento, con el propósito de que cada hombre actúe con la conciencia de que realiza sus actividades en beneficio propio, de su unidad, de la institución a la que pertenece y de su patria.

Reiteradamente se comenta que las *Relaciones Humanas* son técnicas modernas utilizadas en las empresas con el fin de aumentar la producción, de tal forma que repercuta en mayores beneficios económicos tanto para los asalariados como para los empresarios, esto, aunque cierto no es totalmente exacto y podemos comprobarlo si nos remontamos un poco a la historia, pues nos daremos cuenta que las técnicas citadas han sido utilizadas por diferentes pueblos de todos los tiempos.

En el México Precortesiano tenemos como ejemplo al pueblo Mexica; FERNANDO DIAZ INFANTE, en su obra "La Educación de los Aztecas" nos narra:

> "...Había hombres ancianos, elegidos por sabiduría, a quienes se les hacía cargo de orientar, a los niños a tener una identidad propia.

La secuencia educativa de hombres y mujeres, desde lactantes, niños, jovencitos y adultos, concluía solo cuando ya estaban maduros, conscientes, responsables, dueños de una forma honesta y creativa de vivir, con una perfecta ubicación en su familia, en la sociedad, en el universo, eran entonces conocedores de su interioridad psicológica, y estaban en armonía con los buenos sentimientos alojados en su corazón. La Tlacahuapahualistli[1] no se limitaba a la capacitación de un oficio o de un arte, sino a la enseñanza de los valores morales y éticos de la comunidad..."

Como podemos observar, a este gran pueblo se le educaba para practicar intensamente las *Relaciones Humanas*, se habla de orientar a los niños a tener una identidad propia, de responsabilidad, de una forma honesta y creativa de vivir, de una perfecta ubicación y de valores morales y éticos de la comunidad; más adelante nos dice:

> "...La forma en que los sabios indígenas hablaban es una muestra valiosa de lo certeros que eran sus métodos de enseñanza, basados en el consejo, en el convencimiento y en la persuasión. Promovían sentencias sabias *verdaderas* y tenían la paciencia suficiente para dejar al aprendiz recorrer todo el camino necesario para su entendimiento..."

Las técnicas educativas estaban saturadas de conocimiento humano, utilizaban sobre todo el convencimiento y la persuasión, estimulando la iniciativa; logrando con este sistema que el ser humano se integrara a la sociedad y a la actividad de su pueblo.

La preocupación de esta cultura por conocer al ente humano, por su futuro y bienestar, la llevó a la cúspide, a convertirse en el imperio más poderoso del mundo que ellos

---

[1]   Tlacahuapahualistli, arte de criar y educar a los hombres.

conocían; en el ejército, los hombres estaban convencidos de su importancia y aún cuando la disciplina era férrea, la subordinación era voluntaria y razonada, al estar conscientes de su responsabilidad sabían por que y para que lucharan y si era necesario morían con gusto para que su nación alcanzara los objetivos deseados.

Pueblo guerrero, consciente de su situación en el universo y en la sociedad, de sólidas creencias religiosas, no vacilaban en ofrendar sus vidas en aras de sus Dioses, para que estos continuaran derramando sus dones sobre los habitantes del Anahuac.

Si enfocamos esta teoría desde el punto de vista militar, encontraremos que los grandes conductores de hombres, han empleado las *Relaciones Humanas,* desde siempre.

"...Dice Plutarco hablando de Julio Cesar: "El amor con que le miraban sus soldados llegó a tal extremo, que muchos otros ejércitos que en nada se habían distinguido, se hicieron invictos e insuperables por la gloria de aquel.

Este denuedo y esta emulación habíalos despertado el mismo Cesar, en primer lugar no imponiendo límite a las recompensas que distribuía con estricta justicia y, en segundo lugar, exponiéndose voluntariamente al peligro y a toda fatiga..."[1]

Como podemos darnos cuenta, el soldado que cree en sus jefes tratará siempre de emularlos.

---

[1] Suáres Martín, PARA LA FORMACION DEL JEFE, Biblioteca del oficial mexicano 1986. Pag. 65.

"...En la noche precedente a la batalla de Austerlits (2 de diciembre de 1805), luego de completar las disposiciones para la lucha, NAPOLEON fiscalizó personalmente la ejecución de las predicciones destinadas a asegurar la atención de los heridos, y visitó las unidades de su ejército. Después de la victoria pasó la noche entera recorriendo el campo de batalla, haciendo buscar y recoger a los heridos, éstos al reconocerlo olvidaban sus dolores... Él, por su parte, se mostraba afectuoso y desplegaba por ellos el interés más vivo, antes de terminar la noche había hecho a los heridos la primera curación. De éste modo, después de haber subyugado a todos por su genio, los seducía con su preocupación y sus cuidados "Así disponía de los corazones lo mismo que de los brazos.

La recompensa que todos deseaban era merecer su aprobación. (D. Lacroix. En Historia de Napoleón.)...["]1

El Coronel SUAREZ, describe en su libro a varios personajes, tales como: el Mariscal Petain, el Mariscal Rommel, el Mariscal Montgomeri, el General Patton, etc., que hicieron buen uso de las *Relaciones Humanas* en la conducción de las tropas a sus órdenes.

"...Los grandes conductores militares de todas las épocas se han caracterizado por la extraordinaria virtud de saber llegar al corazón de los subordinados. Ello unido a su talento profesional, les ha permitido ganar la confianza y devoción de éstos y despertar en los mismos el firme propósito de su aprobación, jamás su reproche. He ahí el secreto de sus victorias..."2

---

[1]   Suáres Martín. Obra citada. Pag. 65.
[2]   Suáres Martín. Obra citada. Pag. 65.

En este último párrafo está implícita la concordancia de *Relaciones Humanas* y *Don de Mando*, al que modestamente llama *Talento Profesional*.

México ha sido cuna de grandes líderes, ha dado hombres que gracias al profundo conocimiento de la naturaleza de los hombres que condujeron, lograron que fueran más productivos, acentuaron su lealtad y lograron que llegaran hasta el sacrificio por un ideal que beneficiaria a sus familias y a sus pueblos; solo como ejemplo mencionaremos algunos.

TENOCH. Jefe religioso y gobernante Azteca, que fincó las bases para que su pueblo sojuzgado y vejado por otras tribus, saliera de su adormecimiento y luchara por el engrandecimiento y fortalecimiento de los que más tarde formarían el poderoso imperio MEXICA, en su honor, la ciudad se llamó TENOCHTITLAN.

TLACAELEL. Poseedor del símbolo sagrado de Quetzalcoatl; líder visionario que orientó y asesoró a varios emperadores Mexicas para la organización social, religiosa, política y militar, encaminadas al engrandecimiento del Imperio, estimaba que no se debe depositar demasiado poder en un solo hombre.

CUITLAHUAC y CUAUHTEMOC. Caudillos, que llevaron a ese mismo pueblo a luchar hasta su exterminio, tratando de evitar el ser conquistado por los españoles y sus aliados indígenas.

MIGUEL HIDALGO y JOSE MARIA MORELOS. Caudillos, que encendieron y conservaron la llama de la independencia y la libertad, en un pueblo esclavizado.

BENITO JUAREZ. Presidente de la República, que sentó las bases de una sociedad más justa y honesta, y mantuvo firme el pendón de la libertad ante la invasión extranjera.

FRANCISCO VILLA. General. Figura histórica de la Revolución Mexicana, de magnética personalidad, al que no dudaron en seguir las huestes a su mando, aún cuando estuviera de por medio su seguridad y su vida.

Estos hombres y muchos más, para los que no tendríamos espacio, fueron *líderes* por el profundo conocimiento que tenían de la condición humana.

No existe rivalidad entre las *Relaciones Humanas* y la *Autoridad,* el buen uso de aquellas no implica que el jefe sea débil, o deba permitir que se relaje la disciplina, el objetivo es producir una subordinación voluntaria y razonada, los viejos cánones de la guerra que exigían una subordinación ciega han quedado en desuso con la aparición de nuevas tácticas y armas modernas, ahora los hombres combaten en pequeños grupos que actúan con independencia e iniciativa propios, de ahí que la cooperación voluntaria e inteligente de los soldados sea preferible a su actuación ciega y mecánica, la tropa debe saber lo que ocurre y lo que debe hacer en cada caso, no solo cuando opera centralizada, sino también cuando actúa por su propia iniciativa.

Los buenos jefes han de preocuparse más por el bienestar de la tropa que por el suyo propio, dar lecciones de iniciativa y discernimiento, y estimular el espíritu de emulación, pero esto no es suficiente, el jefe debe respetar siempre la dignidad del soldado; en la actualidad los ejércitos están formados con personal que cuenta con un nivel cultural aceptable, sería humillante tratar en forma inadecuada a tales hombres.

El hombre es leal en la medida en que la lealtad es correspondida por las instituciones, sus superiores, compañeros y subalternos.

"...La lealtad mutua, puesta de manifiesto en las relaciones entre superior y subordinado es un factor de extraordinaria importancia para la cohesión espiritual de los cuadros, ella genera un sentimiento de cordialidad y confianza reciprocas...".[1]

"...AL HOMBRE SE LE MIDE POR SU LEALTAD..."

"...Gral. Div. MARCELINO GARCIA BARRAGAN. Citado por JAVIER GARCIA PANIAGUA..."[2]

Si bien, los correctivos disciplinarios son necesarios en ocasiones, no son del todo útiles, ya que pueden provocar que el subalterno sea leal o acate las órdenes, solo en la medida en que tenga temor al castigo, de esta manera pondrá en la balanza cuando pierde más, si acatando la orden o aceptando el castigo, y actuará en consecuencia.

Las leyes y Reglamentos militares contienen reglas de conducta confiables para obtener resultados cien por cien positivos, dan amplias facultades para actuar con cordura, iniciativa e inteligencia; en estos ordenamientos se encuentran implícitas las experiencias de los grandes hombres que sentaron las bases para la formación del

---

[1]   Suárez Martín. Obra citadaPag. 293.
[2]   Sherer García Julio. LOS PRESIDENTES. Novena Ed. 1986. Grijalbo. Pág. 94.

Instituto Armado, hagamos por él, nuestro mejor esfuerzo y recordemos que la inteligente disciplina del ejército es la razón de su fuerza; pero la disciplina no es prerrogativa exclusiva del ejército, la posee cada persona en mayor o menor proporción y se aplica de diferente manera en cada actividad u organización, la misión del timonel es fomentarla, adaptarla y encausarla en beneficio de su gremio.

La aplicación de las *Relaciones Humanas* es especial, todas las personas somos diferentes entre sí, cada individuo requiere una atención singular, la solución que es buena en un caso determinado puede no serlo tanto aplicada a otros; las reglas morales no tienen la misma validez en los diferentes grupos sociales, éstas varían de acuerdo a la educación, ideología, idiosincrasia y costumbres, por lo que se recomienda aplicar la iniciativa, imaginación y criterio, adecuados a cada situación.

El líder debe tener un perspicaz conocimiento de las características humanas, para aplicarlas en beneficio de su gestión, su comportamiento debe poseer una escala completa de actitudes, para aplicarlas a la atención de las personas que dirige. Tener la fuerza del convencimiento, firmeza de carácter, tenacidad, fe en sus creencias, fortaleza de espíritu, confianza en sí mismo, rectitud en su actuación, ascendencia en las personas a las que dirige, capacidad para adaptarse al medio en el que se desenvuelve, en tres palabras *ser un triunfador*; ser un triunfador no es una meta, es la actitud del hombre ante la vida.

Con demasiada frecuencia he escuchado quejas de personas que se devalúan a sí mismas, dicen:

"Yo no puedo", "Yo no sé hacerlo", "Yo no tengo esa capacidad", "Tú si puedes pero yo no", "Fui pero me perdí", "Llegue tarde", "No lo encontré".

Y muchas disculpas más; el jefe no puede darse ese lujo, debe considerar que todas las actitudes y aptitudes de ser humano pueden modificarse por la fuerza de voluntad de cada persona, nada es estable, si hemos de cambiar orientemos eso hacia un cambio positivo, no permitamos que nos venza la adversidad, luchemos contra ella; si no nos escuchan aprendamos a escuchar, si nos maltratan aprendamos a respetar, si nos ignoran prestemos atención a los que nos rodean, cambiemos las actitudes negativas en positivas, esto al final convierte a un hombre común, en un *líder*.

El contenido de este texto va encaminado al reencuentro de los jefes con los valores humanos, a la aplicación de estos en beneficio tanto de las organizaciones como de los individuos que las componen, así como de los estatutos que las rigen, con el objetivo claro de obtener mejores logros, desde luego que la interpretación y aplicación de los citados estatutos, reglamentos y leyes es responsabilidad única de la persona que está al mando.

Muchas de las reglas contenidas en los estatutos que rigen a una organización, aunque no dejan de ser buenos ya no son aplicables a la época en que vivimos, ni están de acuerdo con la tecnología; es conveniente adecuarlas a las necesidades de nuestra era; en todo caso debemos procurar que no pierdan su esencia, su parte medular ni sus objetivos.

Procuremos actuar con valor, aceptando los retos que nuestro tiempo nos impone, así como los riesgos que esto conlleva, recordemos que nunca pasaron a la historia aquellos que siguieron propuestas ajenas; solo es reconocido por esta, el hombre capaz de imponer sus ideas en beneficio del genero humano, proponiendo cambios positivos.

El riesgo es mucho, pero creo que vale la pena correrlo, tomemos en cuenta que: el mando es un privilegio que no todos los mortales pueden tener, y una responsabilidad que solo unos cuantos saben llevar con dignidad.

De ninguna manera pretendo detentar las cualidades que deben conformar la magnética personalidad del líder, solo recomiendo que sean reconocidas por el jefe, con el firme propósito de emularlas, para conseguir la mejor actuación, rendimiento, disciplina y lealtad del personal a sus órdenes.

Muchas de las opiniones y vivencias que aquí se exponen son producto de la experiencia en mi carrera militar, pero son aplicables como ejemplos a cualquier situación; otros conceptos los he observado en diferentes organizaciones del medio civil, algunos más son consecuencia de la lectura, de estos algunos han sido adaptados o recopilados para aplicarlos al arte de configurar y conducir una organización humana; todos son producto de la observación, pero sobre todo de un profundo análisis y evaluación de las actitudes de los seres humanos hacia sus congéneres.

Durante su elaboración este texto ha sufrido múltiples modificaciones, correcciones y aumentos, para adaptarla al momento que estamos viviendo, en el que se ha dado prioridad a la tecnología y se ha olvidado al elemento humano como autor y actor de esa misma tecnología.

Se incluyen algunas frases escritas por diferentes personalidades, como apoyo a los temas que se exponen.

El autor.

PRIMERA PARTE

VINCULOS PERSONALES

CAPITULO PRIMERO

GENERALIDADES

La base de las relaciones humanas es el trato entre las personas, el ser humano da en proporción directa de lo que recibe; si recibe malos tratos, violencia, ofensas o abusos, redituará otro tanto; si no puede responder a ellas buscará el desquite en otra forma, actuará mal, hará las cosas de mala gana, entorpecerá las órdenes, generará conflictos y jamás se integrará a un equipo de trabajo.

El trato al personal es de vital importancia, si le tratan con afabilidad y justicia, estarán en posibilidad de aumentar su lealtad, su rendimiento y su confianza en la institución a la que pertenece.

Para una correcta aplicación de las Relaciones Humanas es importante conocer a las personas, sin embargo, estemos conscientes de que el conocimiento de uno mismo es factor fundamental y debe anteponerse al conocimiento de los demás

La ciencia de las Relaciones Humanas tiene como objetivo principal, estudiar científicamente el comportamiento de los seres humanos integrados al estrato social.

El hombre se relaciona con otros seres humanos por medio de la *comunicación*, que es la base de toda convivencia social, de esto depende que un individuo alcance las metas que se ha propuesto, esto desde luego, aunado al esfuerzo personal, su capacidad y conocimientos.

La palabra es el arma formidable que la naturaleza ha puesto al servicio del hombre, gracias a ella podemos expresarnos, escuchar y ser escuchados, relacionarnos, organizarnos, progresar, etc., pero igualmente la utilizamos para repudiar, desdeñar, ofender y oprimir a los más débiles.

El rendimiento del personal, la honradez, la lealtad o la atención que nos dispensen nuestros subalternos, etc., son consecuencia de las Relaciones Humanas que hayamos empleado.

El hombre es un animal social, su vida es una continua relación con los demás elementos de esa sociedad, es una coexistencia mutua, cada elemento tiene una finalidad que cumplir para ser aceptado; si observamos detenidamente las organizaciones sociales podremos apreciar esa relación.

Por lo expuesto se deduce que las Relaciones Humanas son la forma de convivir con las personas que nos rodean, respetando las normas establecidas por la comunidad; esto se logra mediante la comunicación.

Cuando un individuo establece contacto con otro o con otros, en ese momento nace una relación humana.

Por su naturaleza, las relaciones humanas pueden ser:

RELACIONES HUMANAS SUPERFICIALES
RELACIONES HUMANAS INTENSAS

Relaciones Humanas superficiales; se manifiestan cuando dos o más personas establecen una comunicación sin que esté de por medio un *objetivo determinado* o cuando se produce en forma accidental, ejemplo: cuando vamos por la calle y alguna persona nos detiene para preguntarnos la hora; o bien, cuando el vigilante de alguna instalación se dirige a un grupo de personas para pedirles que circulen. En ambos casos se establece la comunicación, pero no es continua ni importante.

Relaciones Humanas intensas; se presentan cuando se establece una comunicación trascendente, continua, con un objetivo determinado y existe además una influencia entre las personas en contacto, por ejemplo: un jefe de departamento reúne a su personal para transmitir nuevas directivas de trabajo, esto generalmente ocasionará un cambio de actitud en las actividades.

La trascendencia y la influencia de las relaciones personales, se manifiesta cuando un individuo provoca en los demás un sentimiento, una reacción, un cambio de actitud, un pensamiento, que además produce un efecto en su comportamiento.

Por el número de personas que intervienen, las Relaciones Humanas pueden ser:

RELACIONES HUMANAS ELEMENTALES
RELACIONES HUMANAS COMPLEJAS

Las *Relaciones Humanas Elementales* se llevan a cabo entre individuos, por ejemplo: una reunión en la que participan dos o más amigos.

Las *Relaciones Humanas complejas* se establecen cuando el enlace se realiza entre un individuo y un grupo o bien, entre grupos; estas suelen tornarse confusas y en ocasiones complicadas debido a la diferencia en los rasgos personales.

Desde que nacemos nos estamos relacionando constantemente, el *aprendizaje* que logramos para entablar relaciones humanas no siempre es satisfactorio, esto se debe a factores de tipo psicológico, social y cultural, por ejemplo: la diferencia en la forma de pensar, en la formación cultural, la variedad de criterio, diversidad de creencias religiosas, etc., en el trabajo; la desproporción de madurez entre los diversos peldaños de la escala jerárquica, la falta de confianza que existe entre ellos, así como la diferencia cultural; entorpecen las citadas relaciones.

Muchas veces nosotros mismos obstaculizamos nuestras relaciones, mediante barreras que pueden ser: actitudes defensivas de él que manda sin estar seguro de sus decisiones, o del que obedece con el temor de la grosera desaprobación; fallas en la comunicación, como cuando un soldado salva conductos para elevar una petición, o cuando un superior da órdenes directas pasando sobre la autoridad de sus jefes subalternos, etc., y que en ocasiones son difíciles de superar.

La comunicación es el elemento básico en toda relación humana, es la parte medular, la más importante, a través de ella se trasmiten ideas, sentimientos, actitudes, conocimientos, etc., una interpretación errónea o una transmisión equivocada de ella, puede ocasionar graves daños.

El personal de empresas, dependencias, organizaciones, así como del ejército, tiene tratos con personal tanto del escalón superior como del subordinado y con compañeros del mismo nivel; también con personas ajenas a su institución, esta correspondencia suele ser positiva o negativa, tanto para el establecimiento como para cada una de las personas que lo integran y puede afectar el cumplimiento de las tareas que les han sido asignadas. En este trabajo estudiaremos diferentes factores convenientes para llevar a cabo *Relaciones Humanas Positivas.*

*NO EXISTEN PAISES PEQUEÑOS.
LA GRANDEZA DE UN PUEBLO NO SE MIDE POR ÉL
NUMERO DE SUS COMPONENTES, COMO NO SE MIDE
POR SU ESTATURA LA GRANDEZA DE UN HOMBRE.*

Víctor Hugo

CAPITULO SEGUNDO

BASES DE LA CONDUCTA

Existen múltiples factores que determinan el comportamiento humano, algunos son parte de su individualidad, otros, producto del medio que los rodea, pero sin excepción, todos son elementos que determinan la conducta del individuo, entre los más importantes consideramos los siguientes:

ATRIBUTOS PROPIOS.
DISTINTIVOS FAMILIARES.
HÁBITOS PERSONALES.
JERARQUIA Y SITUACION ACTUAL.
SUPERIORES INMEDIATOS.
COMPAÑEROS.
DIVERSIDAD PERSONAL.

ATRIBUTOS PROPIOS

Constituyen nuestra personalidad responsable, en atención a un conjunto de características que ajustan nuestra manera de actuar y adaptarnos al medio que nos rodea, generalmente condiciona nuestra forma de proceder y de resolver inteligente y positivamente los problemas que se nos presentan, estos rasgos están determinados por:

INTELIGENCIA.
TEMPERAMENTO Y CARÁCTER.

INTELIGENCIA. Es la característica de los rasgos personales representada por la capacidad o nivel mental, esta se manifiesta de distinta manera en cada persona, todos los individuos tienen un grado diferente de inteligencia, es decir que, la facultad de percibir, producir ideas, establecer relaciones, actuar, etc., es peculiar en cada caso.

Lo anterior se hace patente por la capacidad para adquirir conocimientos, captar, comprender ideas; de la aptitud para obtener destrezas, relacionarse con el medio, etc., sobresalen las siguientes jerarquías

SUPERIOR AL NORMAL.

NORMAL; que puede ser:

> *SUPERIOR.*
> *MEDIA SUPERIOR.*
> *MEDIA.*
> *MEDIA INFERIOR.*

CAPACIDADES DIFERENTES.

La *Inteligencia superior al normal* es lo que podríamos considerar como grado excelso, su coeficiente intelectual es muy alto, se encuentra solo en raras ocasiones entre las personas que han sido consideradas como genios; entre otros podríamos citar a: Da Vinci, Cervantes Saavedra, Miguel Ángel, Napoleón, Benito Juárez, Tomás Alba Edison, Albert Einstein, Etc.,

La *Inteligencia Normal* es el grado que tiene la mayor parte del género humano, su coeficiente intelectual fluctúa entre los parámetros normales, aún cuando se distinguen diversos grados, como:

Inteligencia Normal Superior, se dice que estas personas son poseedoras de un coeficiente intelectual alto, entre ellos podríamos distinguir a los profesionistas de alto nivel.

Inteligencia Normal Media Superior; representada por la mayoría de las personas que han logrado un título universitario y ejercen cabalmente su profesión.

Inteligencia Normal Media; dentro de esta clasificación se encuentran comprendidas la mayoría de las personas, que no han tenido capacidad suficiente para obtener un título académico, aún cuando haya existido la oportunidad de hacerlo; obreros, empleados, etc.,

Inteligencia Normal, Media Inferior; se distinguen en este espacio, las personas que aunque pueden valerse por si mismas y han logrado determinado grado de estudios, carecen de la capacidad suficiente para elevarse a otro nivel económico cultural y social.

Capacidades Diferentes; las personas que se encuentran clasificadas dentro de este grupo, poseen una capacidad mental que se desarrolla en forma diferente, son otras sus actitudes, aptitudes y capacidades; requieren educación, tratamiento y cuidados especiales para lograr el completo desarrollo de su personalidad; como en el caso de la inteligencia superior al normal, se encuentra solo en raras ocasiones, están representados por aquellas personas que han nacido con alguna singularidad o ha cambiado su capacidad a causa de algún agente físico externo.

TEMPERAMENTO Y CARÁCTER

El *Temperamento* está constituido por los rasgos congénitos de la personalidad, cada individuo nace con características propias y es muy difícil modificarlas, suelen estar representadas por el genio, el humor, la vitalidad, la energía, el brío, el temple, el empuje, el talento, etc.

El *Carácter* es sinónimo de voluntad, firmeza y entereza, son características que se adquieren con el tiempo y por acción del medio ambiente, estas últimas pueden ser reformadas mediante una influencia adecuada; tanto el *temperamento* como el *carácter* se encuentran ligadas a la constitución física del individuo; se distinguen tres tipos:

Afectivo, Activo e Introvertido.[1]

Afectivo; este tipo generalmente se encuentra representado por personas corpulentas y obesas, por regla general son amantes de la conversación, poseedores de un trato cortes y amable, establecen con facilidad relaciones con otros individuos; temen a la soledad, cambian frecuentemente de estado de ánimo, lloran y ríen con facilidad; por lo regular buscan el apoyo de otras personas para la solución de sus problemas. Un refrán popular dice: "no hay gordo que no sea simpático".

---

[1]   Weil Pierre. RELACIONES HUMANAS ENTRE LOS NIÑOS, SUS PADRES Y SUS MAESTROS. Capelusz 1965. Pág. 8, 9.

El tipo afectivo puede presentarse, en ocasiones, cuando la persona no es visceral, generalmente si se encuentra en periodo de formación. (Niños y jóvenes)

Activo; Es común encontrarlo entre las personas musculares de tipo atlético, son fuente de continua actividad y energía, tienen la necesidad de mantenerse ocupados, se caracterizan por su franqueza y en ocasiones por su agresividad; las personas de cualquier tipo pueden ser inducidas para convertirse en elementos activos, mediante adecuados programas de educación física, y actividades tendientes al fortalecimiento corporal; también debe fomentarse en ellos el espíritu de superación y el amor al trabajo.

Introvertido; esta característica predomina entre personas de naturaleza delgada, son generalmente tímidos y desconfiados, en compensación poseen una gran sensibilidad, lo que hace que reaccionen rápidamente a los estímulos; como los anteriores pueden ser inducidos, mediante programas adecuados, para hacerlos activos.

Los jefes pueden inducir a sus subalternos para hacerlos introvertidos; si los insultan en lugar de aconsejarlos, los agreden en lugar de corregirlos o si los castigan sin orientarlos.

Los tipos descritos son poco frecuentes en estado puro, cada uno de nosotros es una resultante de ellos. En nuestra personalidad se encuentran mezclados en mayor o menor proporción, los tres tipos, es decir: se puede ser *afectivo — activo, activo- introvertido, afectivo — introvertido;* desde luego, alguno de ellos predomina.

DISTINTIVOS FAMILIARES

Consideramos como atributos familiares los antecedentes en la casa paterna, si los padres vivían juntos o separados, el ejemplo recibido, así como la educación que nos brindaron, nuestro estado civil, la relación con la esposa y con los hijos, los problemas, la economía familiar y otros aspectos que repercuten en el trabajo.

Tomemos en cuenta que al llegar a nuestras actividades, no podremos despojarnos de esta influencia como nos despojamos del saco o la gorra; estos atributos, tienen arraigo en la personalidad y una influencia decisiva en el rendimiento.

HÁBITOS PERSONALES

Esto corresponde, a los conocimientos que cada uno adquiere con la práctica, durante el desarrollo de las actividades, o bien por el hecho de haber presenciado sucesos que dejan huella en el comportamiento y que influyen decisivamente en la conducta, tanto en el trabajo como en la vida diaria y que en ocasiones modifican incluso la convivencia en el hogar.

JERARQUIA Y SITUACION ACTUAL

Se expresa por el estado actual de cada persona y se refiere a la situación que guarda un hombre con relación a las demás personas, tanto en su trabajo como en la sociedad, ejemplo: la situación de un gerente con relación a sus superiores, subordinados, compañeros y las personas que componen el medio ambiente que le rodea, también podría ser la de un obrero con relación a los mismos factores.

SUPERIORES INMEDIATOS

El superior jerárquico, tiene una influencia decisiva en el comportamiento individual, su trato, orientación, su forma de convivencia, su manera de dirigir, así como su impactante personalidad, suelen conducir al individuo, en algunas ocasiones al éxito y otras veces al fracaso.

COMPAÑEROS

El hombre como animal social suele convivir en grupo, en él establece relaciones de amistad, comerciales, religiosas, etc., con otras personas, generalmente de su misma clase, con ellas comparte intereses de diversa índole; en el grupo satisface sus requerimientos por medio del trabajo, también establece trato con compañeros que desarrollan actividades similares; cada una de las personas con las que se relaciona posee virtudes y defectos, y la influencia de ellos afecta su conducta en forma positiva o negativa.

DIVERSIDAD PERSONAL

Existen en cada persona factores que nos distinguen, que hacen de cada individuo un ejemplar único; algunos son de carácter congénito, es decir, que nacen con ellos, otros son producto del medio en que se desarrolla y son inducidos por diferentes agentes, como: los padres (educación moral), en la escuela (grado de estudios), por la religión (creencias), por el medio ambiente en que se desenvuelve (costumbres), etc., todo esto es afectado por la edad, ya que en cada etapa de nuestra vida pensamos de determinada manera; cada uno de los factores mencionados influye en el individuo en forma especial y son causa de que cada persona tenga características propias.

El avance de la ciencia es incontenible, a diario recibimos noticias de nuevos descubrimientos científicos y de avances tecnológicos, sin embargo hemos olvidado al hombre, al ser humano como actor principal de la existencia, como ser pensante, y como ejecutor de los actos que afectan directamente la vida en común.

CAPITULO TERCERO

LA CONDUCTA

La conducta es la forma de proceder que determina el comportamiento de las personas, es la forma en que conducen o regulan su convivencia dentro de la organización social a que pertenecen, acatando siempre las normas legales establecidas que delimitan el manejo, administración y dirección de la comunidad.

El comportamiento humano se rige por cuatro factores esenciales.

ESTIMULO
NECESIDAD
CONDUCTA
SATISFACCION O META

Con la concurrencia de los citados factores se establece un círculo que conoceremos como:

PROTOTIPO FUNDAMENTAL DE CONDUCTA

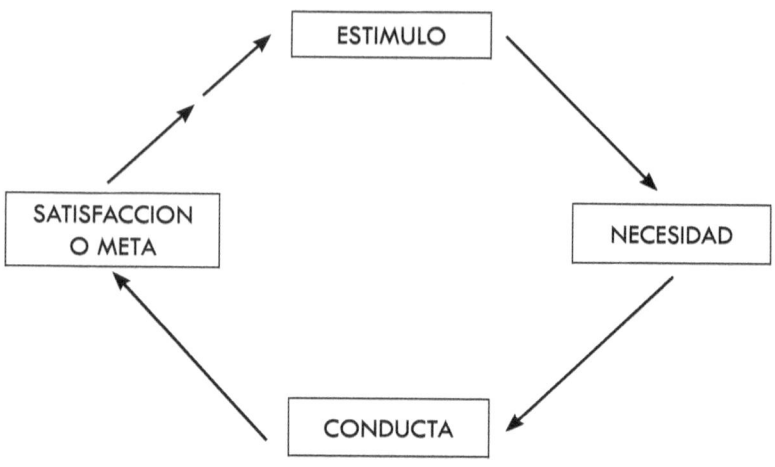

Los elementos de este prototipo guardan una relación mutua, el resultado depende de que se cumplan gradualmente, con el objeto de que el beneficio sea real para la persona que ejerce la conducta, esto significa que se recibe un *estimulo* (causa), que provoca una *necesidad*, esta genera un desequilibrio que nos conduce a adoptar una *conducta* o *comportamiento*, dirigido hacia la obtención de la *meta* o *satisfacción*, ejemplo:

El alumno Ramírez resultó reprobado en el examen de matemáticas, esto ocasionó que tuviera que hacer un esfuerzo extra, que se desvelara una o más horas diariamente estudiando esa materia, en el siguiente examen resultó aprobado con una buena calificación.

ESTIMULO

El alumno resultó reprobado en el examen de matemáticas.

NECESIDAD

Que apruebe el siguiente examen.

CONDUCTA

Debe estudiar por las noches una o más horas diariamente.

SATISFACCION O META

Que resulte aprobado en el siguiente examen de matemáticas.

ESTIMULO

Una vez alcanzada la meta el estimulo original pierde significado.

Aparece otro estimulo, con lo que se inicia un nuevo ciclo.

Los estímulos mencionados son decisivos en la conducta del individuo, de ellos dependerá siempre su comportamiento, si el estimulo es positivo creará una necesidad sana y la conducta a seguir será benéfica, tanto para el individuo como para el grupo a que pertenece y por consiguiente obtendrá una buena satisfacción a sus necesidades; por el contrario, si el estimulo es negativo ocasionará conflictos tanto para él como para él grupo.

Cuidemos pues, que los estímulos infundidos voluntariamente al personal, sean positivos.

CAPITULO CUARTO

NECESIDADES QUE SE SATISFACEN POR MEDIO DEL TRABAJO

La convivencia de las personas en sociedad les impone a seguir cierta línea de conducta, la relación en estas circunstancias le produce múltiples necesidades, que deberá satisfacer de la mejor manera posible, en beneficio propio y de su familia.

NECESIDADES COMUNES

Según A. Maslow, el orden de importancia de las necesidades podría ser el siguiente:

NECESIDADES PRIMARIAS O VITALES
NECESIDADES DE SEGURIDAD
NECESIDADES DE ASOCIACION Y DOMINIO
NECESIDADES DE AFECTO
NECESIDADES DE AUTO-REALIZACION

La satisfacción de las necesidades es la forma en que el hombre da solución a las carencias que le impone la vida en sociedad; convivir en ella significa encaminar sus pasos en busca del bienestar propio y de la familia que depende de él.

Por regla general, la mayoría de las necesidades se resuelven por medio del trabajo, dicho de otra manera, el trabajo aporta los medios económicos, físicos y morales para que el ciudadano satisfaga sus necesidades.

Si el individuo tuviera que subir una escalera hacia el bienestar, y cada peldaño que escalara fuera el equivalente a la satisfacción de una necesidad, la escalera quedaría en la forma siguiente:

Veamos como sucede:

Las NECESIDADES FISIOLOGICAS, PRIMARIAS O VITALES, son las que el individuo padece por el simple hecho de vivir, esto quiere decir que son indispensables para que la vida continúe, como: comer, dormir, descansar, mantener la salud, vestir, etc.,

Cuando las necesidades fisiológicas han sido satisfechas, desaparece o disminuye el impulso por cumplirlas, es decir, quedan atrás, y el siguiente peldaño que se presenta son las NECESIDADES DE SEGURIDAD, que dan cierta garantía de supervivencia, ejemplo: tener asegurado el trabajo, no sentir miedo por los problemas económicos que se nos presenten, etc.,

Cuando se resuelven las necesidades anteriores, aparece el tercer peldaño, que representa las NECESIDADES DE ASOCIACION Y DOMINIO, que significa ser aceptado por los componentes del grupo a que pertenece, relacionarse con las personas que componen su medio ambiente, y que la sociedad les considere útiles; esto es cuando sus congéneres piensan: es obrero, es gerente, es capitán, etc., son gente valiosa, gente de bien.

Las NECESIDADES DE AFECTO surgen cuando el impulso de las anteriores ha sido atenuado; se manifiestan por el deseo de recibir el afecto y la aprobación de sus familiares, amigos, jefes, colaboradores y subordinados, todas las personas necesitan de afecto, estimación y respeto.

Finalmente cobran importancia las NECESIDADES DE AUTO-REALIZACION, representadas por el último peldaño de la escalera, son las más complejas y difíciles de superar, consisten en realizar las cosas que le agradan al individuo y como le parece más placentero; al hacerlas aprovecha al máximo su capacidad, conocimientos y habilidades, por este medio manifiesta su potencial humano.

Cuando logra satisfacer todas sus necesidades, la vida del individuo y los seres que dependen de él, se desarrolla en un clima de bienestar y prosperidad, se encuentra a gusto, esto se refleja en el propicio rendimiento del trabajo, en la obediencia y la lealtad; pero sobre todo en el interés e iniciativa que demuestra al realizar las tareas que se le encomiendan.

CAPITULO QUINTO

LA SATISFACCION DE LAS NECESIDADES Y SUS EFECTOS

Hombres y mujeres buscan por igual satisfacer sus necesidades personales y familiares, por medio del trabajo adquieren los medios necesarios para hacerlo, el salario, las prestaciones, el ambiente en que laboran, etc., son algunos de los factores que contribuyen a este fin; la satisfacción suele lograrse en la siguiente forma:

Las *Necesidades Fisiológicas, primarias o vitales* y las de *Seguridad*, se satisfacen mediante los salarios y prestaciones que marcan las leyes, reglamentos y estatutos de las empresas, dependencias y organizaciones; puede suceder que estos sean suficientes para que el individuo logre satisfacer sus necesidades, en este caso, tanto él como las personas que le dependen podrán llevar una existencia apacible. También puede suceder que la percepción sea insuficiente para garantizar esa satisfacción, en este caso, los componentes de la familia llevarán una existencia desagradable, saturada de carencias. La preocupación que genera la falta de satisfactores pesará en el ánimo del individuo en el momento de realizar sus actividades laborales.

Por tal motivo podemos pensar que el grado de satisfacción de las necesidades, influye directamente en el rendimiento del personal.

Las *Necesidades de Afiliación* o *pertenencia*, las satisface por medio del prestigio que adquiere con su trabajo y comportamiento, y al ser aceptado como miembro activo, participativo y productivo del grupo al que pertenece.

Las *Necesidades de Afecto* normalmente las cumple mediante los premios, retribuciones y ascensos adquiridos en el trabajo, por el aprecio que le dispensen sus superiores, colaboradores y subalternos; también por el cariño, afecto y estimación de sus familiares en el hogar.

Las *Necesidades de Auto-realización*, son las que más dificultades representan para el individuo, solo puede satisfacerlas en el trabajo cuando ha sido ubicado correctamente dentro de él; en un cargo en el que pueda desarrollarse de acuerdo a su personalidad, características, intereses, conocimientos y habilidades, ese caso en raras ocasiones se presenta; esto ocasiona que el individuo busque esta satisfacción a través de aficiones, pasatiempos o trabajos adicionales, que pueden ser: pintura, escultura, mecánica, deportes, diversiones, etc.,

El personal que ha satisfecho sus necesidades logra una *adaptación positiva* a su ambiente de trabajo, *colabora* con mayor entusiasmo e interés y se obtiene un constante *desarrollo* individual y profesional, así como *bienestar* familiar.

En muchas ocasiones, el personal no satisface por completo sus necesidades, lo que da lugar a que se sienta defraudado, que no se adapte a su fuente de trabajo, que sea agresivo tanto con sus superiores como con sus compañeros y subalternos; esto provoca algunas consecuencias, entre las que podemos considerar:

BAJO RENDIMIENTO
ALTO INDICE DE AUSENTISMO
QUEJAS
AUMENTO DE ACCIDENTES
CONFLICTOS
BAJA MORAL
DESCONTENTO
APATIA
PROBLEMAS LABORALES

El *Bajo rendimiento* lo podemos percibir por el escaso progreso en los programas de adiestramiento, en la negligencia para el cumplimiento de las órdenes, en los altos índices de reprobados en las escuelas o en las promociones, en la reducción de la calidad del trabajo o de los productos de éste, etc.,

Alto índice de ausentismo, se puede evaluar por el número de faltistas que a diario tiene una empresa o una unidad, por la falta de apoyo a programas laborales; en el medio militar, puede ser que esto no ocurra como se menciona textualmente, ya que el faltar corresponde a una sanción disciplinaria, las consecuencias pueden detectarse por ejemplo: en la falta de interés a programas de instrucción.

Cuando los satisfactores no son suficientes para cubrir las carencias se genera un descontento, esto hace que el personal eleve *quejas* ante las organizaciones sindicales o ante otras autoridades; en el ejército es difícil que el personal se queje, ya que no hay sindicatos; el problema puede palparse por las murmuraciones y comentarios malintencionados respecto a la actuación de los diferentes mandos.

Aumento de accidentes. En todos los trabajos y actividades humanas suceden accidentes, pero estos podrían verse incrementados como consecuencia de la insatisfacción, ya que por la preocupación que el individuo siente al no poder resolver sus problemas descuida el desarrollo de sus labores, más notorio en los casos en los que se hacen esfuerzos físicos o se realizan actividades de riesgo, como prácticas de tiro o manejo de substancias peligrosas, como explosivos.

Conflictos; la aplicación arbitraria, parcial e inconveniente de leyes, reglamentos y estatutos; así como de premios y sanciones, suelen producir conflictos laborales y problemas personales que podrían evitarse siendo más justos.

Baja Moral. Con frecuencia escuchamos el comentario "me bajaron la moral" y es que confundimos a esta con el estado de ánimo; puede ser que el estado de ánimo este decaído y sin embargo la moral sea muy alta o viceversa. Al referirnos a esta consecuencia queremos decir: que las normas que rigen a la moral no se encuentran debidamente cimentadas o son falsas; cuando esto sucede, la estabilidad emocional es muy frágil y puede deteriorarse o romperse con facilidad, si el individuo no obtiene una satisfacción adecuada existe la posibilidad de que se produzcan desacuerdos y rivalidades entre el personal.

El personal puede expresar su *descontento* por múltiples razones, entre las que destacan: la aplicación injusta de premios y sanciones, los ascensos inmerecidos, aplicación parcial de leyes y reglamentos, favoritismos, y muchas otras que presenciamos con frecuencia; al respecto recuerdo el caso de un amigo que era instructor de armamento en una academia de policía, tratando de mejorar su posición elaboró un programa de instrucción más lógico y coherente que el que ya existía, en él se abordaban los problemas reales en forma práctica y razonable. Lo entregó en la dirección del Plantel y nunca recibió respuesta. Pocos meses después, el mismo programa, con ligeras reformas apareció firmado por otra persona a la que se le hizo un reconocimiento y se le otorgó un ascenso.

Apatía. Cuando las necesidades no son correctamente satisfechas, suele suceder que el personal no ponga el debido cuidado y esmero que requiere la ejecución de las órdenes o las directivas de trabajo, causando a veces trastornos a la empresa u organización; esto me hace recordar una frase del dominio público en la que se expresa el descontento y que puede acarrear algún problema grave: "Ellos hacen como que me pagan, yo hago como que trabajo".

Problemas Laborales. Cuando es numeroso el personal que no satisface sus necesidades por medio del trabajo, y se generaliza el descontento, empiezan a aparecer pequeños grupos de personas, que tratando de obtener ventajas de la situación, crean conflictos que pueden provocar la aparición de problemas laborales.

Es de capital importancia procurar que el personal satisfaga sus necesidades en el trabajo; no siempre es necesario aumentar salarios o prestaciones, o invertir importantes cantidades en satisfactores, como ocurre en la actualidad, en ocasiones basta con mejorar el ambiente donde las personas realizan sus actividades, o que el jefe muestre interés en sus subalternos, pequeñas atenciones hacia ellos, etc.,

Hace algunos años, en las instituciones, empresas, organizaciones, haciendas, fábricas, y en las fuerzas armadas, se consideraba que los componentes eran elementos de un todo, no se les reconocía como personas, aún recordamos frases como las siguientes: "déjalo que se friegue, es obrero", "es peón y no tiene derechos", "los potros no tienen derecho ni al aire que respiran"; se les trataba en forma inhumana, se consideraba a los individuos como propiedad del organismo.

Durante la Revolución Industrial se consideró que con la aparición de la maquinaria se lograría mejorar la producción, crear satisfactores de optima calidad y que esto resolvería múltiples problemas laborales, no se obtuvieron los resultados esperados, ya que hubo necesidad de utilizar menor cantidad de mano de obra y hacer despidos masivos de personal; en los medios militares se pensó que con la aparición de las máquinas de guerra se daría solución a muchos problemas humanos; en ambos casos sucedió lo contrario, pues olvidaron que antes de las máquinas e instalaciones esta el factor humano, que es el que las inventa, construye y manipula.

Un ejemplo frecuente lo encontramos en muchas oficinas, en las que observamos máquinas de escribir o computadoras ultramodernas, reproduciendo errores de operadores ineptos; *lamentable olvido del factor humano.*

PARA SER JEFE ES PRECISO CONOCER AL HOMBRE Y A LA VIDA; ESTUDIAR NO LA HISTORIA DE LOS HECHOS SI NO LA HISTORIA DE LOS HOMBRES; ES MENESTER CONOCER SU MENTALIDAD.

Mariscal Foch

Si el individuo no satisface sus necesidades a consecuencia de algunos de los motivos señalados podría ocasionar además, otras consecuencias personales, como: *Enfermedades profesionales; fracaso de individuos, problemas de relaciones humanas,* como: Rivalidades, celos profesionales, susceptibilidades, incapacidad para dirigir, y muchas más, que sería largo de enumerar, situaciones que pueden afectar el progreso del grupo.

En múltiples ocasiones se carece de los medios necesarios para que los integrantes de un centro de trabajo, puedan satisfacer sus necesidades, sin embargo, con el *uso adecuado de las relaciones humanas,* se podrá en un momento dado, atenuar o disminuir gran cantidad de problemas que suelen presentarse, o por el contrario, agravarlos con la actuación arbitraria de quienes mandan y no utilicen el criterio para aplicar las leyes y reglamentos. En el primer caso, se pueden obtener además, importantes beneficios, entre los que señalaremos algunos:

ALTO RENDIMIENTO.
REDUCCION DE ACCIDENTES.
AHORRO DE TIEMPO.
MEJOR CALIDAD DE PRODUCTOS.
MAYOR SATISFACCION PERSONAL.
INCREMENTO DEL ESPIRITU DE CUERPO.
AMBIENTE MAS SANO.
MAYOR SUPERACION PERSONAL.
MENOS PROBLEMAS HUMANOS.
DESARROLLO DE LA LEALTAD.
REFORZAR LA CONFIANZA EN LA INSTITUCION.

CAPITULO SEXTO

COORDINACION Y COMUNICACIÓN

COORDINACION

La tarea más delicada del jefe, consiste en *coordinar* los esfuerzos de sus subordinados para alcanzar los objetivos que a cada grupo se le designen. La gestión puede fracasar, y acarrear con esto grandes pérdidas a la empresa, incluso, arriesgar la vida de sus subalternos y hasta la de los elementos de otras unidades, si no existe una adecuada *comunicación* entre el jefe y su agrupamiento.

Coordinar es ordenar ideas o acciones mediante un método determinado y conveniente, para la realización de diversas actividades; en él ejercito significa básicamente que el jefe deberá armonizar los diferentes elementos a su mando, para la realización de una actividad; los citados elementos pueden ser: el personal, el armamento, el equipo, el material, etc., para lograr esto se requiere del manejo adecuado de la *comunicación*, entre las personas.

Muchos problemas en la *coordinación* de los esfuerzos para el cumplimiento de una tarea, para la realización de trabajos y actividades de diversa índole, así como para la seguridad del personal en el trabajo, la seguridad de las instalaciones, etc., pueden ser ocasionados por deficiencias en la comunicación.

COMUNICACION

La *comunicación* es la transmisión de ideas, sentimientos, conocimientos, órdenes, etc., entre dos o más personas, en el instituto armado constituye el medio de enlace entre el mando y las unidades; la *comunicación* está considerada como *el arma del mando*.

Los seres humanos nos hacemos entender por medio de palabras; la palabra es la más grande y magnifica de las herramientas con que cuentan los individuos para relacionarse, es el genio, la excelencia que los distingue de las demás especies que pueblan la tierra, es la forma de transmitir, divulgar, difundir, publicar sus experiencias, conocimientos, emociones, sentimientos, etc.

El jefe ha descuidado la comunicación, considera que con expresar sus ideas, las personas que le escuchan se enteran correctamente, que interpretan fielmente esas ideas, que entienden su forma de pensar; olvida que en toda comunicación existen dos elementos, el que trasmite la idea y él o los que la escuchan o reciben, que cada persona interpreta las cosas en forma diferente, por lo tanto, actúan de acuerdo a lo que entendieron.

Es necesario que ponga especial cuidado en la comunicación, si desea que el cumplimiento de las órdenes sea preciso y si además, pretende obtener resultados positivos en cada una de las encomiendas que hace a sus subordinados.

Generalmente el jefe da a conocer una orden, comunica un acuerdo o da instrucciones, más nunca o casi nunca se cerciora de que el personal haya entendido todo con claridad; las consecuencias, a veces resultan como en la siguiente narración:

EL TENIENTE AL SARGENTO.

Por orden del capitán, la tropa asistirá mañana al campo de ejercicios en uniforme de campaña, a fin de presenciar el eclipse de sol, que según los periódicos tendrá lugar a las 1100 horas. Más tarde y en el propio campo, un especialista en astronomía explicará a los soldados las causas del raro fenómeno, pero sí llegara llover, las explicaciones tendrían lugar en el comedor del cuartel.

EL SARGENTO AL CABO.

Por orden del capitán, mañana a las 1100 horas habrá un eclipse de sol en el campo de ejercicios, seguidamente empezará a llover, por lo que la tropa pasará al comedor del cuartel, en donde un especialista en astronomía, en uniforme de campaña, les leerá a los soldados lo que los periódicos dicen acerca del raro fenómeno.

EL CABO A LOS SOLDADOS

Mañana a las 1100 horas, el capitán eclipsará al sol con unos periódicos en el campo de ejercicios, más tarde, un especialista en astronomía hará llover en el comedor del cuartel, pero para que el raro fenómeno se produzca, la tropa deberá vestirse con uniforme de campaña.

LOS SOLDADOS ENTRE ELLOS.

Mañana a las 1100 horas el sol eclipsará al capitán, quien por la tarde volverá a aparecer en el comedor del cuartel en uniforme de campaña. Un astrónomo tratará de explicarles las causas del raro fenómeno, pero si no entendieran irán a ver un especialista. Los soldados llevarán periódicos para taparse por si acaso llueve.

En el ejemplo, nadie cuidó que el personal entendiera la información, simplemente se les dio a conocer sin verificar que la hubieran comprendido; si una situación como esta se llegara a presentar en una emergencia, las consecuencias podrían llegar a ser catastróficas, si llegara a suceder en una empresa o una fábrica, podrían provocar perdidas millonarias, y si acaso sucediera en un hospital podrían ser funestas.

En toda comunicación deben existir dos elementos, el que difunde el comunicado, al que llamaremos *Emisor* y él o los que reciben el mensaje, a los que llamaremos *Receptor*, estos últimos tienen la recomendación de percibir, entender e interpretar el mensaje. Para que la comunicación se considere efectiva debe realizarse en ambos sentidos, esto quiere decir que el *Receptor* debe emitir a su vez una respuesta, lo que podría considerarse como *retroalimentación*; dicho de otra manera, al materializar la comunicación debe buscarse el establecimiento de un *dialogo*, si esto no sucede se considerará una *comunicación parcial*. Así mismo, se debe tener cuidado de que la comunicación sea precisa, correcta y comprensible.

COMUNICACIÓN

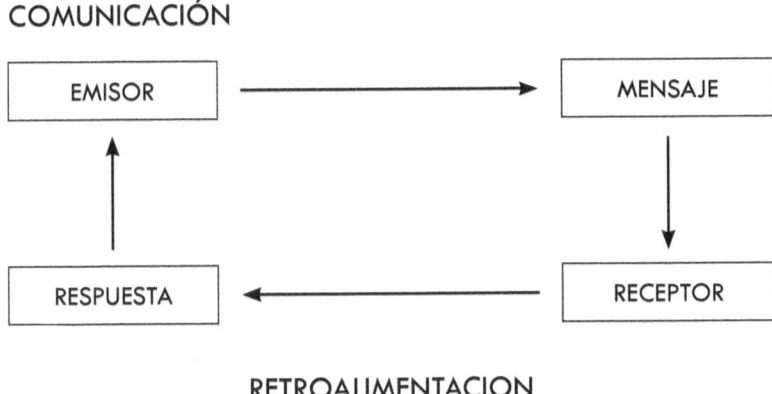

FORMAS DE COMUNICACION

FORMAS DE COMUNICACION

La relación entre los seres humanos es de inapreciable valor, es la base de la convivencia, el entendimiento, la organización, de la participación en los intereses de la comunidad, estas acciones las logra mediante la comunicación, la cual puede agruparse de la forma siguiente:

COMUNICACIÓN ORAL O VERBAL.
COMUNICACIÓN ESCRITA.
COMUNICACIÓN POR MEDIOS OPTICOS.

COMUNICACIÓN ORAL O VERBAL. La precisión en la comunicación aparece cuando el hombre aprende a hablar, cuando empieza a expresar con claridad sus ideas, cuando todos pueden interpretar exactamente lo que una persona desea manifestar; sin embargo tiene el gran inconveniente de que no queda constancia de lo que se dice, excepto por los testigos, una frase popular dice: "las palabras se las lleva el viento".

Actualmente utilizamos la palabra como medio de expresión y para comunicación de poca importancia, como órdenes e instrucciones de escasa trascendencia.

LA CONVERSACION ES LA IMAGEN DEL ESPIRITU. SEGÚN ES EL HOMBRE, ASI ES SU CHARLA.
Publio Sirio.

La comunicación puede discurrir de diversas formas, según la modalidad que se utilice para llevarla a cabo:

Entre dos personas, o un número reducido de ellas; en esta ocasión se trata de un dialogo directo y discreto.

Cuando en forma de discurso o conferencia, una persona se dirige a un grupo; en este caso el orador debe utilizar términos claros, concisos y persuasivos.

En el momento en que se establezca un dialogo entre el orador y el grupo puede suceder:

Que con la cooperación del grupo se instale una corriente democrática para conseguir un objetivo determinado.

Que el orador pierda el control de la situación, obteniéndose así resultados negativos y contrarios al fin que se persigue.

Es conveniente que cuando se utilice este sistema, el orador sea suficientemente hábil para encausar el diálogo y no perder el control del grupo.

En esta época, se utilizan con mucha frecuencia medios masivos de comunicación, como: la radio, la televisión o la prensa, este sistema va dirigido a las grandes masas, con el fin de establecer un determinado patrón cultural o de conducta.

COMUNICACIÓN ESCRITA.

Cuando el género humano aprende a escribir, se inicia la etapa real del progreso, ya se pueden plasmar las ideas y dejar constancia de ellas; de hecho se inicia la historia de la humanidad, se deja constancia de los hechos, se hereda a las generaciones posteriores todas las experiencias y conocimientos. Para nuestro estudio, consideramos que la comunicación escrita esta formada por los documentos que se giran entre las diversas dependencias, en ellos se imprimen: órdenes, instrucciones, métodos de producción, instructivos, programas de estudios, etc., es de gran importancia en los asuntos trascendentes o cuando se trata de instrucciones extensas como órdenes de operaciones, gráficos de marcha, croquis, planes, programas, o en asuntos de los que deba quedar constancia; entonces se giran: oficios circulares, oficios, memoranda, radiogramas, etc., quizá el medio de comunicación escrita más importante sean los libros.

COMUNICACIÓN POR MEDIOS OPTICOS.

La primera forma de comunicación entre los hombres fue sin duda basándose en señas, utilizando sobre todo la expresión corporal, con ademanes, guiños, gesticulaciones, remedos, representaciones, etc., en la actualidad se utiliza el abecedario para sordomudos. A estos detalles podemos considerarlos como medios ópticos de comunicación; entre los más modernos, aún cuando podríamos considerarlos mixtos, se encuentran el cine, la televisión, el internet, etc.

En él ejercito se utilizan muchos medios ópticos para materializar la liga o enlace, recibir o comunicar instrucciones, cursar órdenes, etc., para el caso se emplean: banderolas, paineles, señales luminosas, ademanes y otros.

Es conveniente elegir la forma de comunicación que garantice mejores resultados, de acuerdo con la situación.

POR SU TRASCENDENCIA

Por la importancia que reviste la comunicación al tratar asuntos relevantes, en la conducción de una empresa u organización, podemos catalogarla como sigue:

> *COMUNICACIÓN INFORMAL*
> *COMUNICACIÓN FORMAL*

Se considera que la COMUNICACIÓN es *INFORMAL*, cuando se reúnen dos o más personas con el fin de cambiar impresiones, chismes y temas diversos. En los grupos de trabajo suele suceder que el personal se reúna para festejar algún acontecimiento: cumpleaños, festividades, eventos deportivos, y otros. En él ejercito se considera así cuando se lleva a cabo cualquier tipo de conversación con el personal, como: platicas, reuniones amistosas, comentarios, etc.,

Desde el punto de vista de la COMUNICACIÓN FORMAL, se establecen líneas o canales de información, lo que en el medio militar se conoce como conductos regulares; algo similar sucede en empresas, fábricas y otras organizaciones, esta comunicación se clasifica como sigue:

> *COMUNICACION VERTICAL*
> *COMUNICACIÓN HORIZONTAL*

La COMUNICACIÓN VERTICAL se lleva a cabo del escalón superior al inferior o a la inversa; en el primer caso la *comunicación* es *vertical descendente* y se efectúa a través de:

Ordenes.
Instructivos.
Circulares.
Oficios.
Radiogramas.
Memoranda, etc.,

Cuando el escalón inferior se dirige al superior, la *comunicación* se considera *vertical ascendente* y se lleva a cabo por medio de;

Partes.
Informes.
Solicitudes.
Sugerencias, etc.,

Hablando en términos generales, mediante el uso de la COMUNICACIÓN VERTICAL se maneja la jerarquía y la autoridad.

En la COMUNICACIÓN HORIZONTAL, se llevan a cabo acuerdos y convenios entre personal y áreas de trabajo del mismo nivel y jerarquía, generalmente se efectúan por medio de:

Juntas.
Reuniones.
Mesas redondas.
Oficios. Etc.,

OBSTACULOS EN LA COMUNICACIÓN

La comunicación se considera adecuada, cuando las personas que intervienen en ella comprenden el contenido de la conversación; si se trata de actividades laborales, cuando el jefe y los subordinados entienden lo mismo de un mensaje, esto parece muy sencillo, sin embargo, en ocasiones este entendimiento se ve limitado por diferencias individuales; tales como: culturales, religiosas, de entendimiento, maliciosas, o bien, por impedimentos físicos; actitudes que en ocasiones se transforman en obstáculos o barreras que tornan confusa la comunicación, y que pueden ser catalogadas como sigue:

BARRERAS FISICAS
BARRERAS SEMANTICAS O DE LENGUAJE
BARRERAS PSICOLOGICAS

BARRERAS FISICAS

Son las más conocidas, estamos acostumbrados a vencerlas fácilmente, están consideradas como las más sencillas y observables, todos los objetos físicos pueden convertirse en barreras en un momento dado, ejemplo: fallas en los aparatos telefónicos, el tono de la voz, la falta de claridad en un escrito, las puertas, las paredes que delimitan un área de responsabilidad o trabajo, etc.,

Cierta fábrica de hilados y tejidos, que tuve la oportunidad de visitar durante mis prácticas como estudiante, contaba con dos plantas que desarrollaban actividades similares, por falta de espacio, estaban ubicadas en edificios distantes.

Observé que los obreros de una de las plantas se quejaban de que los trabajadores de la otra tenían equipos más modernos y por tanto mejores condiciones de trabajo, cosa que consideraban injusta.

Los obreros de la otra planta tenían una queja similar, pero además existía descontento por el salario, decían que ellos merecían una percepción mayor porque realizaban un esfuerzo extra en la producción. El problema persistió, aún cuando los patrones les dijeron que las condiciones de trabajo eran equitativas.

Este conflicto pudo demandar una solución sencilla, hubiera bastado con efectuar, periódicamente, intercambios de obreros, para que estos se dieran cuenta de que las condiciones de trabajo en ambas plantas eran similares, que lo único diferente era el espacio; consiguiendo además, que el personal se conociera y tratara.

BARRERAS SEMANTICAS O DE LENGUAJE

Se refiere esto a las palabras que tienen significado diferente para cada persona, para cada región, para cada país, para cada grupo social, o bien, que son desconocidas para el receptor.

En una reunión de militares, se encontraron dos coroneles; uno argentino y el otro mexicano, acompañados de sus respectivas esposas, después de platicar brevemente y al notar que el argentino era muy molesto, el mexicano le dijo: "que concha te cargas, che boludo", esto ocasionó que el primero golpeara al segundo.

En Argentina le dicen concha al órgano sexual femenino y boludo es sinónimo de tonto, torpe. En nuestro país existen casos como el anterior, V. g. no se nos ocurra pedirle queso a una dama yucateca, hablar de mondongo en Tapachula, o pedirle papaya a una mesera cubana.

Se aconseja el empleo de palabras de dominio común en la comunicación, a fin de evitar problemas.

BARRERAS PSICOLOGICAS

En muchas ocasiones, cuando el jefe comunica una orden, impone un correctivo, o hace algún comentario que afecta a una segunda o tercera persona, o a un grupo, cree que le asiste la razón; el o los afectados pueden considerar lo contrario, sin embargo la razón puede ser solo una. Esto constituye una *Barrera Psicológica*.

Estas barreras son generalmente, las actitudes que predisponen a las personas, provocando en ellas sentimientos positivos o negativos hacia determinado objeto, norma, institución, sujeto, etc., son las más difíciles de advertir, manejar y solucionar, y las que con mayor frecuencia dificultan la comunicación y el entendimiento humanos.

Normalmente estas actitudes nos *impiden escuchar* y aceptar la posibilidad de estar equivocados. Conviene a nuestra realidad *practicar y fomentar* "el arte de escuchar", para valorar los conceptos de cada persona; reafirmar nuestra razón o aceptar el error, practicando lo anterior podremos lograr en gran parte, vencer este tipo de barreras, propiciando en el personal, una salud mental adecuada.

Uno de los consejos de mi padre era: aprende a escuchar, escuchar no es una actitud pasiva, participa, pide te aclaren todas tus dudas, para que cuando tengas la información completa puedas emitir una opinión justa; las opiniones apresuradas por regla general resultan erróneas.

FALLAS EN LA COMUNICACIÓN

Una empresa de importaciones y exportaciones, cuenta con un departamento que se encarga de enlistar y organizar toda la documentación de los movimientos, para remitirla a la aduana, este departamento es atendido por una sola apersona, el jefe se ausenta frecuentemente para atender a otras sucursales.

En cierta ocasión la empleada enfermó y faltó a sus actividades, telefónicamente se comunicó a la oficina y dio aviso, tomó el recado la recepcionista de otro departamento pues su jefe se encontraba ausente, esta, tomó el recado pero no informó a nadie; cuando regresó el jefe de la empleada enferma, notó la ausencia y nombró a quién la sustituyera, pero ya se había ocasionado un grave retraso en el envío de la documentación.

Al día siguiente la empleada enferma se presentó a laborar y entregó su justificante, su jefe la amonestó por faltar sin avisar, ella se sitió afectada porque creyó que no tenía derecho a enfermarse, el jefe se disgustó porque creyó que su empleada era una irresponsable. Disgustados los dos, ninguno se preocupó por aclarar la situación, ocasionándose un conflicto entre ambos, que naturalmente repercutió en el rendimiento del trabajo.

Para lograr los objetivos que desea, es necesario que el jefe detecte y corrija las fallas en la comunicación, si algo no sale a la medida de sus deseos debe investigar la causa; puede ser que sus órdenes no fueran interpretadas correctamente, que el mensaje haya sido emitido en forma defectuosa, que la situación que se presentó sea especialmente conflictiva y por lo tanto imprevisible, que intervengan terceras personas que agraven la situación, o sencillamente que el receptor no haya querido cumplirlas.

En todo caso, el jefe deberá tomar la iniciativa y subsanar los problemas, pues se trata del área de su responsabilidad.

ESQUEMA DE LA COMUNICACIÓN

Considerando los diferentes factores que intervienen en la comunicación, esta podría mejorar si acatamos los siguientes lineamientos:

ANTES DE ENVIAR EL MENSAJE

> Defina el propósito.
> Reúna la información precisa.
> Decida la forma a emplear (verbal, escrita, mímica).
> Precise al receptor.

CUANDO ENVIE EL MENSAJE.

> Utilice palabras claras y precisas.
> Emplee palabras conocidas.
> Verifique que el receptor comprenda el mensaje.
> De oportunidad al establecimiento del dialogo.

DESPUES DE ENVIADO EL MENSAJE

Pregunte si existen dudas.

Verifique que la comunicación haya producido buenos resultados.

Observe la importancia de la comunicación en dos sentidos —retroalimentación- para lograr una buena coordinación y en consecuencia una ejecución correcta de las órdenes; así mismo, es importante elegir la forma de comunicación que ofrezca mayores ventajas y que lleven al jefe a cumplir con esmero la delicada tarea de *enseñar* y *conducir* a los hombres que se encuentren bajo su responsabilidad.

Recuerdo cierta ocasión en la que mi padre me encomendó realizar una tarea, yo tenía escasos diez años; con toda paciencia, me explicó los pasos a seguir para realizarla, al finalizar me preguntó si había comprendido, yo conteste que sí; entonces me dijo: explícame lo que vas a hacer. En ese momento me di cuenta de que no había entendido.

SEGUNDA PARTE

DON DE MANDO

CAPITULO PRIMERO

EL ELEMENTO HUMANO

El jefe, tiene frecuentes problemas con el personal subalterno que en ocasiones es demasiado apático, rehúye el servicio, flojea en el trabajo, no acata las órdenes correctamente, o no corresponde con aportaciones personales para el cumplimiento de sus obligaciones; lo anterior puede suceder porque el mando en sus diferentes escalones, no toma en cuenta que las organizaciones están formadas por seres humanos, que conviene tratarlos como tales y no como simples elementos de una institución.

EL CONDUCTOR MILITAR DEBE SABER MIRAR EL INTERIOR DEL CORAZON DE SUS SOLDADOS, A FIN DE APRECIAR ACERTADAMENTE LO QUE DEBE ESPERARSE DE ELLOS EN UN MOMENTO DADO.

Mariscal Vonder Goltz.

Los recursos humanos que utiliza tanto él ejercito como las empresas y organizaciones, proceden del pueblo, son personas que no están capacitadas para llevar a cabo las actividades que han de realizar; incluso los oficiales y profesionistas recién egresados de sus respectivos planteles, carecen de la experiencia necesaria para desempeñar las actividades que el desarrollo de su profesión exige.

En ocasiones algunas personas cambian de un trabajo a otro similar, aún cuando tengan muchos años de experiencia requieren de un periodo de adaptación en su nuevo empleo, deben adaptarse a la forma de trabajar de esa organización, buscar la forma de realizar sus tareas, ubicarse en su nuevo entorno, en otras palabras, adaptarse a la forma de ser de sus jefes, compañeros y subalternos, algo similar sucede con los militares cuando son adscritos a otra unidad.

Para solucionar este tipo de problemas es necesario realizar algunas tareas, con el objetivo claro de obtener el mejor rendimiento de esos nuevos elementos: estas pueden ser:

ADAPTAR EL HOMBRE AL TRABAJO
ADAPTAR EL TRABAJO AL HOMBRE
ADAPTAR EL HOMBRE AL HOMBRE[1]

ADAPTAR EL HOMBRE AL TRABAJO

El capitán Gómez tenía problemas con el soldado Pérez, que siendo uno de sus mejores elementos se había tornado apático, también había perdido todo interés por sus actividades. Gómez, tratando de solucionar el problema se dedicó a observarlo, poco tiempo después, se dio cuenta que su nivel mental era superior al exigido por su empleo, que le agradaba dirigir, enseñar a sus compañeros y que poseía un carácter demasiado independiente para ser un

---

[1] Weil Pierre. RELACIONES HUMANAS EN EL TRABAJO Y EN LA FAMILIA. Kapelusz 1965. Pag. 5.

subalterno toda la vida, que en pocas ocasiones había sido estimulado por su trabajo, en cambio, se estimulaba a otros elementos menos dedicados que él.

El Capitán Gómez, propuso al soldado Pérez para su ascenso a cabo y posteriormente al grado inmediato. Pérez es ahora uno de los mejores Sargentos, comandante de pelotón y con aptitudes para ascender aún más.

El mando en cualquier escalón tiene la necesidad de conocer a su personal, de observarlo y de ser posible darle el empleo que este de acuerdo con sus aptitudes, su vocación, su interés profesional y su personalidad, a fin de obtener un mayor rendimiento. Muchas veces ignoramos las aptitudes del personal, ya sea porque no podemos o *no queremos* observarlos, no les permitimos que se descubran con actitudes independientes o bien porque en ocasiones son demasiado tímidos, muy discretos o útiles en su empleo.

La promoción y perfeccionamiento del personal constituye un excelente estímulo para todos los que quieren progresar en la vida, la clasificación y la orientación psicológica, la formación y el adiestramiento son una parte esencial de la *adaptación del hombre al trabajo.*

LAS PUERTAS DE LA SABIDURIA NUNCA ESTAN CERRADAS.

Benjamín Franklin.

Distribuyendo en forma inteligente el tiempo de trabajo y de descanso, podemos aumentar el rendimiento del personal.

Las marchas normales de la infantería tienen un tiempo de duración y una distancia a recorrer determinados, se realizan siguiendo un itinerario en el que se marcan los tiempos de recorrido y los momentos de descanso, de no hacerlo así, al llegar al fin de jornada, el personal estaría tan cansado que difícilmente podría continuar con sus actividades normales.

En ocasiones, cuando las exigencias del servicio lo requieren, se exige del personal un esfuerzo adicional y en ocasiones excesivo, este, debe lograrse sin que sufra merma la disciplina, la organización de las unidades y las actividades normales que se deben realizar.

Recuerdo que hace varios años, durante unos ejercicios en el terreno, realizados en un clima tropical, se llevó a cabo una caminata entre dos poblaciones, distantes unos cincuenta Km., participaba personal muy joven, de entre 16 y 24 años, fue una jornada agotadora, exhaustiva, cuando llegaron al final, la columna estaba visiblemente mermada, en muy malas condiciones físicas y con el ánimo decaído, faltaban muchos mandos medios, los que se encontraban estaban tan cansados que no tenían animo para controlar nada, cada elemento hacia lo que quería o podía, se había roto el principio de disciplina.

Haciendo un pequeño análisis, me di cuenta que el mando había descuidado demasiados detalles, recordemos que el cuidado oportuno de los detalles puede hacer la diferencia entre las grandes victorias o las grandes derrotas.

Algunos años después, se llevó a cabo otro ejercicio similar, se trató de hacer coincidir varias unidades hacia un mismo objetivo, utilizando itinerarios diferentes.

El jefe de una de las columnas, logró aumentar el rendimiento del personal a su cargo, con un método sencillo: disminuyó el tiempo de marcha de 50 a 40 minutos, así mismo el de descanso de 10 a 8 min. La columna de referencia realizó mas periodos de marcha de menor duración y más de descanso de menos tiempo, disminuyendo así su gasto de energía; con este sencillo cambio, alcanzó su objetivo oportunamente, con el personal en excelentes condiciones físicas, las otras columnas llegaron más tarde y con el personal muy cansado.

Empleando en forma inteligente los recursos humanos y materiales, manejando convenientemente la distribución de tiempo y combinando con habilidad los medios a su alcance, el jefe puede hacer realidad la siguiente paradoja: *ES POSIBLE LOGRAR UN MAYOR RENDIMIENTO CON MENOS ESFUERZO;* utilizando solo la iniciativa, la inteligencia y el buen juicio.

Cuando el trabajo es continuo e ininterrumpido, el jefe debe organizarlo de tal forma que no se cause fatiga innecesaria al personal, buscando desde luego: mayor eficacia en el servicio, más rendimiento en el trabajo y que la participación del elemento humano sea espontanea y creativa.

ADAPTAR EL TRABAJO AL HOMBRE

Hace algún tiempo un capitán fue trasladado a otra unidad, donde se hizo cargo de la segunda compañía, el personal que la integraba tenía un aspecto deprimente e indolente, en muchas ocasiones escuchó pláticas en las que se hablaba mal de la instrucción, y de los jefes y oficiales.

Al pasar revista, el capitán se dio cuenta de la mala organización del mobiliario en los dormitorios, que estos se encontraban sucios y pintados de colores deprimentes, y que el equipo personal no estaba adecuado a la constitución física de los hombres; por tal motivo tomó las siguientes medidas: cambió el color gris de techos y paredes por el verde y amarillo, los gabinetes que se encontraban al pie de las camas fueron colocados a la cabecera, durante la instrucción y ejercicios físicos, vigiló que el equipo que empleaba el personal fuera ajustado a su talla, no demasiado holgado como era costumbre; pocas semanas después, el aspecto triste de sus hombres se tornó alegre, mejoró el ambiente, la indolencia se tornó en dinamismo; ahora los comandantes de pelotón alientan a los soldados para que trabajen mejor.

Los colores afectan nuestros sentidos, por ejemplo: los obscuros y en especial el gris causa depresión, en cambio los claros, particularmente el verde y el amarillo son estimulantes, el rojo es más estimulante que el verde, pero tiene el inconveniente que provoca irritación y fatiga con el tiempo. La adaptación de equipos a la complexión física de cada individuo disminuye la fatiga del personal durante el trabajo.

En un cuerpo de policía municipal, los elementos hacían jornadas de trabajo de 24 horas, por 24 de descanso; durante el ciclo de trabajo se organizaron dos turnos, para que durante la noche algunos elementos pudieran dormir algunas horas mientras los demás velaban y hacían sus recorridos, para el efecto, existía un dormitorio con literas.

Un alto funcionario municipal, al darse cuenta de que esto sucedía, ordenó quitar el dormitorio con el objeto de que todos velaran, aduciendo que trabajaban turnos de 24 horas, que para dormir utilizaran sus horas de descanso.

Pocos días después, el personal se notaba somnoliento, ausente, lento a la ejecución de las órdenes, bajó su rendimiento en el servicio; en algunas ocasiones se les sorprendió dormidos a bordo de las patrullas y lo más grave, se registraron algunos accidentes.

Se interrogó a los elementos para conocer los motivos del cambio y se descubrió que no utilizaba su tiempo libre para descansar, sino para realizar actividades que cubrían sus necesidades personales y familiares.

Si se brinda al personal un poco de comodidad durante el desarrollo de sus actividades, este redituará con creces su cumplimiento en el trabajo.

ADAPTAR EL HOMBRE AL HOMBRE

En cierta ocasión, dos oficiales recién egresados fueron asignados a la misma unidad, uno de ellos, de inmediato comenzó a convivir con sus superiores, con sus subalternos y con sus compañeros, saludaba a todos con afecto, platicaba, gastaba bromas; se adaptó rápidamente a sus compañeros y al ambiente de trabajo.

En cambio, él otro, permanecía aislado, casi no saludaba a nadie, cumplía con sus obligaciones pero no proyectaba su personalidad hacia los demás; con el tiempo, todos trataban de convivir lo menos posible con él, aún el personal bajo sus órdenes trataba de evitarlo, pues no le tenía confianza, si tenían algún problema de tipo personal preferían que fuera otro quien les aconsejara; se convirtió en un elemento aislado, que trabajaba solo para él y no aportaba nada para el resto del equipo.

Yo fui asignado a otra comisión y me olvidé de este oficial, años después nos encontramos nuevamente, me detuvo en la calle y me saludó con mucho afecto, me pregunto si lo recordaba, le contesté que no, hizo recuerdo de cómo y donde habíamos convivido, me apareció increíble, este hombre era otro, alegre, jovial, con una sonrisa, tal vez un poco forzada, pero sonrisa al fin; quedé maravillado con el cambio de personalidad.

Lo invité a comer, durante la comida, sin poder contener mi curiosidad le pregunté: ¿que ha sido del oficial taciturno y melancólico que conocía?; Me hizo entonces el siguiente comentario: llego como mi jefe inmediato otro oficial, que al notar mi problema me llamó para que colaborara con él, me encomendó trabajos en los que tenía que convivir con varias personas, me dijo que la gente se pone a la defensiva cuando se le acerca una persona seria, y que la actitud cambia cuando la que se acerca sonríe; también me dijo: somos nosotros los que debemos adaptarnos al medio que nos rodea, no esperar que sea el medio el que se adapte a nosotros, que para poder recibir es necesario dar, que debemos saludar antes para poder ser saludados después, que debemos respetar para ser respetados; ¡cambió mi vida!.

Una vez escuché por accidente, esta queja de un comandante de batallón: "He vigilado que mi personal cobre sus haberes, puntualmente y sin descuentos, se le ha estimulado con ascensos, se ha mejorado la atención médica, se le proporciona la mejor alimentación posible y sin embargo, esto no funciona".

El caso me interesó, empecé a frecuentar a compañeros que formaban parte de esa unidad, luego me di cuenta de que la corporación no era un equipo de trabajo basado en la confianza mutua y el respeto humano, no se había creado un ambiente de cordialidad y entusiasmo; el comandante se basaba estrictamente a los reglamentos pero no utilizaba el criterio para aplicarlos, esto había propiciado que el personal solo recibiera órdenes que eran ejecutadas sin discusión, jamás tomó en cuenta que una persona consciente del valor de su trabajo, tiene un rendimiento superior al que solo se le exige obediencia.

El jefe debe observar a su personal, conducirlo, encausarlo para que trabaje como equipo, crear un ambiente que facilite la adaptación entre los componentes de su unidad de trabajo, para que todos orienten sus actividades hacia el mismo objetivo y cooperen entre ellos,

La adaptación del hombre al hombre, es esencial para consolidar el trabajo de equipo.

CAPITULO SEGUNDO

AUTORIDAD Y DIRECCION

En todas las organizaciones humanas, la dirección y la autoridad están representadas en el JEFE, que debe ser ejemplo, destacar por su dinamismo, valor, sentido del deber y de la justicia, ecuanimidad, imparcialidad, etc.

La autoridad esta representada por la jerarquía, la dirección es la línea de conducta trazada por la autoridad, que debe seguir toda organización, desde luego con, con base en las leyes, reglamentos y estatutos que la rigen.

Estudiando la forma en que proceden los mandatarios podemos distinguir cuatro prototipos básicos de dirección, cada uno con características especificas, determinadas por la forma en que estos jefes actúan, impulsados por su personalidad.

DIRECCION TIRANICA O IMPOSITIVA.
DIRECCION AFECTUOSA.
DIRECCION INDOLENTE.
DIRECCION PARTICIPATIVA. (Liderazgo)

DIRECTODIRECCION TIRANICA O IMPOSITIVA.

El jefe actúa con autoritarismo, impone su voluntad en la toma de decisiones, no acepta opiniones ni asesoramientos, pues considera que es el único que tiene la razón y que es autosuficiente.

DIRECCION AFECTUOSA.

El dirigente ejerce el mando utilizando el afecto como medio para imponer su autoridad, simula escuchar y aceptar el asesoramiento, pero impone su voluntad en la toma de decisiones.

DIRECCION INDOLENTE.

El guía no tiene talento para ejercer ningún tipo de dirección, es incompetente para llevar a cabo la responsabilidad que le corresponde, permite que los integrantes de su organización actúen a su criterio, no se responsabiliza por nada, su presencia es nociva para el personal a sus órdenes.

DIRECCION PARTICIPATIVA (Liderazgo)

Este tipo de dirigente fomenta la participación y cooperación voluntaria del personal a su cargo, escucha sus ponencias y las toma en cuenta al momento de decidir, su carácter es dinámico, con capacidad de organización, basa su actuación en la justicia, con lo que obtiene la confianza de sus subalternos, dirige en un ambiente de cordialidad y camaradería.

Actualmente las empresas y organizaciones humanas aspiran a que sus jefes sean del tipo líder, que es símbolo de seguridad y productividad.

Un buen director debe conquistar las virtudes del personal a sus órdenes, tales como la lealtad, la iniciativa, la devoción de los corazones y del espíritu; la actividad mental, muscular y su presencia física puede adquirirlas mediante un pago adecuado.

EN VEZ DE LLENAR TU CASA CON MUEBLES SUNTUOSOS, POR AMOR AL LUJO, CUÍDATE DE AMUEBLAR TU ALMA CON LA LIBERALIDAD Y LA JUSTICIA.

Epicteto

CAPITULO TERCERO

EL JEFE

Muchas personas consideran que basta tener un grado para ser *jefe*, que las insignias les dan tal prestigio que la unidad que dirigen les obedecerá automáticamente solo por que tienen autoridad.

Para ejercer el mando es necesario tener cualidades y haber aprendido a hacerlo. La mayoría de los comandantes necesitan muchos años para darse cuenta de que no pueden tener éxito en la dirección a consecuencia de sus actitudes, en cambio, unos cuantos lo logran casi de inmediato y su dirección es más eficaz; se dan casos de jefes, que solo logran dirigir en el momento de jubilarse y otros que nunca lo logran, esto es lo que debemos evitar a toda costa; con palabras precisas el Profesor Manuel M. Cerna lo define de la siguiente manera: "El mando es el ejercicio responsable de la autoridad"[1].

Todas las personas están habituadas a obedecer, cuándo son niños a sus padres, hasta finalizar sus estudios a los

---

[1] Cerna M Manuel, Apuntes sobre Relaciones Humanas. México 1972. Pagina 87.

maestros, pero, ¿qué sucede en el momento en que se invierten los papeles y de dirigidos pasan a ser dirigentes?

A los alumnos se les conduce de tal forma paternalista, que nunca se les permite decidir, casi los llevan de la mano, el instructor es siempre el responsable, como custodio, ellos no son responsables más que de su propia persona.

Actualmente, en las unidades se observa a oficiales o jefes al mando de unidades u operaciones que corresponden a personas de menor jerarquía, o bien impartiendo academias a unidades cuyo mando corresponde a un jefe subalterno, o supervisando actividades que no están de acuerdo con su grado. Es conveniente instruir correctamente al personal, confiar en él y cederle todas las prerrogativas y responsabilidades que el mando exige, siempre claro esta, bajo la observación y asesoramiento de los superiores en la escala jerárquica.

NO DEBE PENSAR EN SER MAESTRO QUIEN NUNCA FUE DISCIPULO.

Fernando de Rojas.

Un subteniente que tenía unos meses de graduado me comento: "Cuando era cadete podía consultar todo con mi comandante de sección, nunca me preocupé por la solución de problemas pues había quien los resolviera, jamás aprendí a dirigir personal, pues no se me cedió la responsabilidad directa al respecto, de ningún modo pude tomar una decisión, además no me interesé en hacerlo. Días después de haberme incorporado por primera vez a una unidad, por exigencias del servicio me hice cargo de una partida; no tenía la menor idea de cómo debía comportarme ante el personal, no tenía a quien recurrir para hacer una consulta, me sentía desamparado al tener que decidir".

En él ejercito como en todos los grupos sociales, las unidades, factorías, fábricas, etc., deben ser dirigidas por un individuo, (comandante o jefe), para el cumplimiento de una empresa, dicho jefe es el que distribuye las responsabilidades, de acuerdo con las características individuales, coordina los esfuerzos y lleva a feliz término el cumplimiento de su misión; de los recién graduados comandantes de sección, pocos poseen una autonomía real.

El *Jefe* es la *pieza maestra*, es el catalizador del potencial humano; no todos los seres humanos tienen facultades para ser jefes, la principal preocupación de las organizaciones debe ser: descubrirlos. Conviene organizar un sistema de selección basado en la sicología aplicada al medio, y cuando la selección haya sido hecha poner especial cuidado en su *formación* y *perfeccionamiento*.

LA NATURALEZA NOS HA DADO LAS SEMILLAS DEL CONOCIMIENTO, PERO NO EL CONOCIMIENTO MISMO.

Séneca.

El soldado Juan Sánchez, cumple a medias con sus obligaciones, porque si no lo hace teme que su comandante, el teniente Manuel Muñoz le imponga un correctivo disciplinario, lo castigue, lo insulte o lo trate mal; ¿es el teniente un verdadero jefe?, Indudablemente que no, solo puede ser un capataz.

Un jefe en él ejercito es el militar con mando, que utiliza su personalidad para dirigir una unidad, con la participación espontánea de sus componentes.

Muchos militares con mando, dan órdenes a su personal, pero no serán comandantes mientras no obtengan la *participación y colaboración espontaneas* del personal bajo su mando; en cambio, hay muchos elementos que sin ser jefes y gracias a su personalidad, actitudes y características pueden obtener la participación y colaboración espontaneas de las personas; estos son jefes en potencia hasta que tengan la oportunidad de dirigir.

Al respecto, comenta el Capitán FREDERIC JHON WALKER de la Marina Real Británica, Comandante del Segundo Grupo de Apoyo Naval, durante la Segunda Guerra Mundial.

"La cualidad de mando resulta mucho más fácil para quienes poseen una fuerte personalidad y una presencia imponente, pero no cometan ustedes el error de creer que estos factores son esenciales, no lo son, tanto Nelson como Napoleón eran unos tipejos raquíticos y Hitler en mi opinión, una figura cómica, sin embargo, Napoleón condujo a toda una nación por toda Europa durante algunos años hasta su definitiva derrota en Waterloo; y Hitler está haciendo lo mismo ahora.

Hay una distinción entre cualidad de mando y disciplina. Una chusma totalmente indisciplinada fue victoriosamente conducida al asalto de la Bastilla en 1789... Sin mando, sin disciplina. A la inversa, he observado un cuerpo de reales infantes de marina, magníficamente disciplinados, invirtiendo toneladas de energía por metro cuadrado en ejercicios triviales... disciplina sin cualidad de mando. Una compañía de barco bien dirigida puede ser reconocida en cualquier emergencia, por su propia e inteligente anticipación de las órdenes y por la ausencia de confusión y griterío".[1]

El jefe debe ser un estimulo y una reacción frente a su unidad, no debe quedar satisfecho con la misión cumplida, sino obtener además, entusiasmo, cooperación e interés por el trabajo; debe ser además: respetuoso de las leyes y reglamentos que rigen a su organización, estar física y mentalmente sano, emocionalmente equilibrado, anteponer el cumplimiento del deber al interés personal y estar consciente de que solo el esfuerzo sostenido le permitirá cumplir con su cometido en forma honrosa y brillante.

Debe ser el ejemplo a seguir, siempre el primero, el modelo de sus hombres; al mismo Capitán Walker se le atribuye la siguiente frase: "No olviden que en una verdadera emergencia, el marinero siempre levantará la vista hacia el puente para ver como esta tomando la situación el capitán"[2].

De los integrantes de su unidad se comenta: "Ahora ellos se identifican con Walker, él había pasado a ser nosotros, y había algo de Walker en cada marinero del grupo que se pavoneaba confiado en tierra, en Liverpool, esforzándose lo más posible por garantizar que todos supiesen que se desempeñaban en el Segundo Grupo de Apoyo"[3]

[1]   Terence Robertson. Comandante de Escolta. Editorial J. Vergara. Argentina 1982. P.114.
[2]   Terence Robertson. Obra citada. P. 149.
[3]   Terence Robertson. Obra citada. P. 150.

Los equipos humanos no están formados por hombres escogidos, todo lo contrario, el jefe tiene que trabajar con personas totalmente diferentes entre sí; el más soberbio equipo de trabajo esta constituido por hombres buenos y malos, generosos y egoístas, activos y flojos, en fin, por una gama de características diferentes, todos son necesarios aunque no indispensables, pero lo realmente importante es que el buen jefe o director, el líder, debe aprender a sacar el mejor provecho de cada una de ellos. El buen jefe debe ser también experto en matemáticas, para *sumar voluntades, restar inconvenientes, multiplicar esfuerzos y dividir beneficios.*

Una montaña esta formada por rocas, piedras y granos de arena, una obra humana es similar, esta elaborada por aportaciones grandes y pequeñas, hechas por el hombre de acuerdo con su estatura moral.

En otras palabras, un líder debe aprender a obtener las mayores ventajas, aún de situaciones adversas.

UN JEFE GOZA DEL AFECTO DE SUS HOMBRES
CUANDO ES JUSTO, CUANDO PROCEDE CON
RECTITUD, CUIDA DEL BIENESTAR DE LOS
MISMOS Y SABE SACRIFICARSE POR ELLOS.

Mariscal Petain.

CAPITULO CUARTO

TIPOS DE JEFE

Cada jefe al ejercer el mando procederá de acuerdo con sus características personales, sus conocimientos y su forma de interpretar las cosas, de ahí que aún cuando actúen bajo las mismas directrices, el derrotero de cada unidad, dependencia u organización social será siempre diferente; cuando un nuevo jefe toma el mando, generalmente hace que la unidad se adapte a su forma de trabajar, logrando que el personal a sus órdenes olvide su comportamiento respecto al jefe anterior; esto quiere decir que cada jefe, por regla general impone su criterio. El desempeño de cada unidad lleva el sello personal de su dirigente.

El militar que es destinado a ejercer el mando debe considerar que a partir de ese momento se convierte en el crisol donde se funden las características del personal bajo sus órdenes y que a él corresponde elegir las cualidades o defectos que se deban mezclar.

En cierta ocasión, me correspondió recibir el pelotón de intendencia de cierta unidad, el comandante saliente me dijo: ten cuidado con el almacenista, sustrae el material, es desleal, chismoso y falta con frecuencia.

Cuando tomé el mando llamé a mi oficina al citado almacenista y le comente: ¿sabía usted que su jefe anterior lo mal informó conmigo?. Me contestó que si, que así se lo había hecho saber; le manifesté que los problemas que habían tenido ellos no eran de mi incumbencia, que a partir de esa fecha solo esperaba de él lealtad, honradez, confianza, amistad, trabajo y celo en el cumplimiento de sus obligaciones; ¡jamás tuve queja de su actuación!.

En el capitulo segundo de esta parte vimos las formas de dirección mas sobresalientes, estas y algunas más, vamos a aplicarlas ahora al jefe, solo sustituiremos algunas palabras para adaptarlas mejor a cada una de las organizaciones.

JEFE TIRANICO O AUTOCRATA

Cuando ascendí a capitán primero se me asignó un nuevo destino, al que no pude incorporarme de inmediato por tener cargos que debía entregar a mi sucesor, así lo informé al jefe de mi nuevo destino. Cuando por fin pude integrarme a mi unidad, el jefe me llamó la atención por presentarme varios días después de la fecha en que se me asignó el nuevo cargo, reprochando mi irresponsabilidad y falta de ética militar e imponiéndome un correctivo disciplinario por no portar el uniforme de campo durante mi presentación.

Este tipo de jefe solo busca su satisfacción personal y conservar el mando o comisión, se limita a dar órdenes que deben acatarse sin discusión; al personal bajo sus órdenes lo trata como esclavo, es un individuo egoísta que utiliza las leyes y reglamentos como fuerza de poder, aplicando solo las partes que le convienen o bien interpretándolas en su beneficio; con frecuencia da órdenes verbales que son contrarias a las leyes y reglamentos o a la disciplina, sin que jamás las ratifique por escrito, mientras mayor sea el control que ejerce sobre sus subalternos más se consolida en el mando, cuando se generan trastornos y se producen responsabilidades en su área de control, a causa de sus actitudes, culpa a su equipo de trabajo y procede en contra de los jefes subalternos correspondientes, convirtiéndolos en los únicos responsables, para quedar a salvo. A jefes de este tipo les he oído comentar: "en mi unidad, los reglamentos los hago yo".

Su actitud provoca la rebeldía en su personal o bien una completa pasividad, reacciones que pueden convertirse en un boicot a sus órdenes, sus subordinados generalmente opinan: si la misión fracasa no será por culpa nuestra, o no haré más que lo que se me ordene, con su actitud restringe y en ocasiones invalida la iniciativa de sus subalternos, no practica el arte de escuchar, no acepta opiniones ni razonamientos de otras personas. Trata de centralizar el control de su unidad, no delega facultades y en su afán de controlarlo todo crea un infierno en su área de trabajo.

CARTUCHERAS AL CAÑON, QUEPAN O NO QUEPAN

Dicho popular castrense.

JEFE INDULGENTE

Tiene un concepto muy especial de la disciplina, emplea la bondad y el afecto como medio de dominio, utiliza al que le sigue en el mando para presionar o exigir a sus subalternos convirtiéndolo en el malo, con la finalidad de que aquellos acudan al jefe en busca de auxilio y justicia, casi siempre perdona y concede otra oportunidad, aún cuando no sea merecida, rompiendo con su proceder, los principios de autoridad y disciplina.

En varias ocasiones oí decir entre mis compañeros y subalternos: habla con el comandante, pide que te conceda otra oportunidad, verás como él te ayuda y te libera del correctivo disciplinario.

JEFE NEGLIGENTE O INDOLENTE

Hay personas que llegan a ser jefes porque han sido favorecidos, otros que por el grado que tienen les corresponde por ley dirigir, algunos solo buscan su beneficio personal, otros, simplemente no pueden eludir el compromiso; muchos de ellos ni siquiera poseen el deseo de dirigir.

Generalmente son personas pusilánimes, sin conducta definida, que carentes de autoridad pocas veces dan instrucciones precisas pues temen a la responsabilidad, los elementos de su unidad cumplen las órdenes como quieren o como las entienden, hay confusión y desorganización en el área de su mando. Como podemos observar no hay dirección en su grupo y menos participación y cooperación espontaneas del personal, esto ocasiona más daño que si la unidad estuviera acéfala, casi siempre es el segundo jefe el que lleva el peso del mando.

Hace tiempo platicaba con un compañero acerca de un permiso que él necesitaba para salir de la plaza a visitar a su padre enfermo, habla con tu comandante, le aconseje; contestó: no, el jefe no resuelve nada, no tramitará el permiso con la superioridad porque teme molestarlos, mejor hablo con el segundo, para que me dé permiso sin enterar a la superioridad.

JEFE ACTIVO PARTICIPATIVO
(Líder)

Me correspondió servir en una unidad en la que el comandante tenía fama de ser muy exigente, algunos compañeros me expresaron su pesar porque había sido asignado a esa dependencia.

Cuando arribé a mi nuevo destino, el comandante me recibió en su oficina que estaba siempre abierta, me dio la bienvenida y me expresó lo que esperaba de mí, entre otras cosas pidió mi cooperación, expresó además que era muy exigente para el trabajo, finalmente me ofreció su amistad y me pidió que confiara en él.

Por doquier se observaba al personal en plena actividad, se notaba la limpieza y la organización, desde los primeros días noté tres cosas curiosas: Nadie hablaba mal del comandante. Nadie se quejaba del trabajo. Había muy pocas o ninguna persona cumpliendo correctivos disciplinarios.

Esto no era normal, algo no encajaba, en todas las unidades que serví con anterioridad, el personal, sobre todo de tropa, se expresaba mal del comportamiento del comandante, en esta por el contrario casi todos lo defendían; en las otras unidades siempre existía desacuerdo por el trabajo y cada día, había por lo menos diez o más personas cumpliendo correctivos disciplinarios.

Con el correr de los días noté que el comandante solo asistía a su oficina el tiempo indispensable, para firmar documentos o enterarse de la correspondencia, siempre andaba solo, visitando los campos de instrucción, de trabajo, oficinas, dormitorios, servicios, etc., en ocasiones se sentaba con el personal de tropa para escuchar las academias que impartían los instructores, o se confundía con el mismo personal en la fajina (trabajo); platicaba a solas con cada uno de sus comandantes subalternos, hacía reuniones informales con todos nosotros, mientras tomábamos café, comíamos o convivíamos, escuchaba nuestras ponencias, las discutíamos, aceptaba las que consideraba podían mejorar el funcionamiento de la unidad; nos trataba a todos con respeto. Exigía mucho, en ocasiones más trabajo del que aparentemente podíamos realizar; todos hacíamos lo posible por cumplir, nadie quería fallarle.

En las reuniones formales imponía su personalidad sin hacernos sentir menos, su sola presencia producía en nosotros sentimientos de consideración y respeto. Aún así, había personas descontentas pero eran muy pocas, no es posible que todos los subalternos estén contentos con la actitud de su jefe, o que todos los jefes lo estén con sus colaboradores; lo realmente importante es que ambos hagan su mejor esfuerzo para adaptarse.

En la toma de decisiones aceptaba toda la responsabilidad aún, cuando todos hubiésemos participado, compartía con el personal a sus órdenes, las fatigas, los descansos, los triunfos, los fracasos, con él al frente de la unidad corríamos diez, doce o más kilómetros, nos hacía trabajar más de lo normal sin que se sintiera el peso de su autoridad.

Conocía a todos los componentes de su organización por su nombre, sabía muchos de sus problemas personales y familiares, los estimulaba personalmente; en ocasiones se sentaba con ellos y compartía el mismo rancho (alimento), en otras comía con los jefes y oficiales que querían acompañarlo, nunca permitió que se le sirviera mejor que a ellos, su trato era parejo para todos.

Poco tiempo después lo destinaron a otra comisión, solo entonces me di cuenta que no era un comandante común; era un autentico líder.

Comandante *LIDER* es el militar que cree en sí mismo, que siente confianza en su actitud y en el desempeño de sus actividades, capaz de transmitir esos dones a sus subordinados, que logra obtener su participación y colaboración espontaneas, así como su buena voluntad, que toma en cuenta sus actitudes, aptitudes e intereses, que les prodiga sus respetos y cree en sus posibilidades.

El líder predica con el ejemplo, corrige antes que castigar, decide aceptando su responsabilidad, sin menoscabo de tomar en cuenta las ponencias de sus colaboradores, aplica las leyes y reglamentos utilizando el sentido común, estimula con este sistema, la iniciativa y el espíritu de cuerpo y saca de los hombres a su cargo el mayor rendimiento, conservando en ellos una buena salud mental.

El líder jamás permitirá que la organización que dirige caiga en el desprestigio, utilizando todos los medios a su alcance para evitarlo, porque el desprestigio de su grupo, tarde o temprano formará parte de su propio desprestigio; si sospecha que alguno de los elementos que dirige ha cometido una falta grave, la juzgará hasta que esto haya sido comprobado; vigilará que la sanción que reciba sea la que marcan las leyes, sin abusos ni rencores que la hagan excesiva.

Con esta disposición de ánimo, el comandante logra que su unidad sea un equipo de trabajo basado en el esfuerzo mutuo y el respeto humano.

El líder debe ajustar su comportamiento a las normas establecidas en las leyes y reglamentos que rigen una organización, a los preceptos éticos y morales de la sociedad y a los derechos que a cada individuo corresponden, sin violarlos, modificarlos o aplicarlos parcialmente, en su beneficio.

Cuando el líder aprovecha su influencia para obtener beneficios personales, o ejercer el poder en forma indiscriminada, se transforma en autócrata, y este en dictador; al autócrata lo describimos con anterioridad; el dictador es el autócrata que cuando acumula suficiente poder transforma todo lo que se encuentra en su entorno para su beneficio personal, para conservarse en el mando o para beneficiar al grupo que lo apoya, sin reparar en el daño que pudiera ocasionar al resto del personal. Esto no quiere decir que al principio de sus mandatos hayan actuado solo para su beneficio; en sus inicios fueron líderes honestos que se dejaron corromper por su influencia con la gente y por el uso indiscriminado del poder. No debemos olvidar que la libertad sin límites conduce a la anarquía y que el poder absoluto corrompe hombres y corazones. La historia esta plagada de ejemplos, viene a mi memoria cuatro ejemplos recientes: Napoleón, Porfirio Díaz, Hitler y Fidel Castro; todos hicieron grandes cosas por sus pueblos, después, la ambición o la necesidad de mantenerse en el poder los obligó a beneficiar al grupo que los apoyó, como consecuencia ocasionaron graves daños a sus conciudadanos y algunos, también a la humanidad.

JEFE INTRIGANTE

Después de asistir a un concurso de selección varios compañeros nos reunimos para comer, uno de ellos hizo este comentario:

En mi unidad parece que siempre anda el diablo suelto, vivimos cuidándonos de los demás, todo es un manojo de chismes; al preguntarle por que pensaba esto, nos dijo:

El comandante nos llama a todos por apodos, aún cuando no nos lo dice directamente; al segundo comandante le dice "el chueco", al jefe de instrucción "el perro", al ayudante "el gallito"; en cierta ocasión escuche que le dijo al capitán comandante de la primera compañía: Robles, (a quien llama "el uñas") si no sabes dirigir el tiro pregúntale al "crán" como se hace, él dice que cuándo quieras te enseña. ("El crán" es el teniente López, jefe del depósito de armamento); poco después se reunió con este último y le dijo: López, cuídate de "el uñas" porque te trae ganas.

El jefe intrigante maneja a su personal como títere, fomenta odios y rencores en forma voluntaria utiliza la competencia del grupo como un medio para afianzarse en el mando, al que ejerce bajo el lema de "dividir para reinar" y vive de intrigas.

LA ENVIDIA ES MIL VECES MÁS TERRIBLE QUE EL HAMBRE, PORQUE ES HAMBRE ESPIRITUAL.

Miguel de Unamuno.

JEFE VANIDOSO Y CODICIOSO

Un capitán amigo mío me comentó: mi comandante de zona si sabe vivir.

Le pedí que aclarara esta afirmación, a lo que contestó:

Cuando arriba a su oficina, todo el personal debe estar formado para recibirlo y para que le dé novedades el oficial de permanencia; después, acompañado del jefe de estado mayor se dirige al comedor del batallón, donde lo esperan el comandante de esa unidad acompañado de los jefes y el oficial de cuartel; el jefe de la zona, el de estado mayor, el de la unidad y en muchas ocasiones algunos invitados, generalmente miembros del gobierno del estado pasan a un área reservada del comedor, ahí, un mesero elegantemente vestido le entrega un menú con los platillos especialmente preparados para ese día y otros que pueden prepararse; en tanto el oficial de cuartel permanece en la puerta del reservado por si algo se ofrece; cuando salen, les da novedades y los acompaña hasta que abandonan las instalaciones de la unidad, solo hasta entonces puede el oficial retirarse a sus actividades.

Con frecuencia, por las noches, organiza veladas a las que asisten personas representantes de la alta sociedad, así como jefes y oficiales allegados, que gozan de su benevolencia.

Este tipo de jefe no tiene aptitudes para ejercer el mando, estima demasiado el prestigio que le da su cargo, casi siempre favorece a quienes lo alaban.

¿A QUIEN ALAGA EL HONOR FALSO Y A QUIEN ASUSTA LA CALUMNIA INFUNDADA, SINO AL QUE ES INDIGNO Y FALAZ?

Horacio.

JEFE INDECISO

Me encontraba sirviendo como jefe de un pelotón de intendencia, cuando cambiaron al titular del mando de la unidad, el nuevo jefe pasó revista al comedor, ahí mismo me ordenó cambiar el color de la pintura de las paredes, para el efecto envió a tres elementos de fajina. Al día siguiente me llamó para ordenarme: con el personal que le envié, arregle el jardín que rodea al comedor. Al otro día me dijo: con esa fajina pinte la puerta y el herraje del edificio a su cargo.

Un poco molesto le recordé: Señor, apenas se están limpiando las paredes para pintarlas como ordenó, él contestó: Yo nunca ordené pintar las paredes, cumpla de inmediato con la orden que se le está dando.

Este tipo de jefe se interesa por varios asuntos al mismo tiempo sin profundizar en ninguno, sus subordinados nunca llevan a buen término su trabajo pues a cada momento cambia de idea y da órdenes diferentes y en ocasiones contrarias, cuando apenas están ejecutándose las primeras, en algunos casos niega haber dado ciertas órdenes, pues se olvida de ello.

JEFE AMARGADO

Encontrándome ya retirado, visite en su unidad, a un compañero de generación que continuaba con el grado de capitán y era comandante de una compañía (desafortunadamente se estancó para conservar ese mando subalterno).

Realmente me dio lástima; nada de lo que hacia el personal a sus órdenes le parecía bien, a todos los trataba de ineptos; rígido en sus órdenes no permitía la menor iniciativa; notaba solo el aspecto negativo de la unidad a su cargo, sin tomar en cuenta que la única actitud irreal era la suya.

Este tipo de jefe es una persona poco accesible, de mal carácter, manifiesta sistemáticamente su inconformidad, se opone a toda iniciativa, para él no existe nada bien hecho, considera que solo actúa bien el personal ajeno a su unidad; se complace en señalar solo el aspecto negativo del trabajo y agrede a sus subordinados, con el fin de justificar alguna frustración que haya tenido en algún momento de su vida.

Como las mencionadas pueden existir muchas formas más de ejercer el mando, tantas como personas existan y como en el caso de la personalidad, los tipos de jefe son poco frecuentes en estado puro, cada personalidad es el resultado de una mezcla, desde luego alguna de estas actitudes predomina.

ES UN HOMBRE ELOCUENTE EL QUE PUEDE TRATAR LOS TEMAS DE CARÁCTER HUMILDE CON DELICADEZA; LAS COSAS GRANDES, DE MANERA IMPRESIONANTE, Y LAS COSAS MODERADAS CON TEMPLANZA.

Cicerón.

CAPITULO QUINTO

EQUILIBRIO DEL JEFE

Como mencionamos en él capitulo segundo de esta parte, el jefe es la pieza maestra de una unidad, es el catalizador del potencial humano, pero además debe ser el crisol donde se funden las características de los integrantes de su organización para formar un equipo de trabajo basado en la fe y la confianza mutuas debe estar capacitado para obtener de sus subalternos el máximo rendimiento, generar equilibrio, entusiasmo, tenacidad, cooperación y participación espontáneas, utilizando para el efecto sus cualidades personales, entre las que destacan:

CONOCIMIENTO DE SÍ MISMO.
CONTROL DE SUS EMOCIONES.
COMPRENSION DEL COMPORTAMIENTO.
PROMOVERA LA ARMONÍA.
RESPETO DEL SER HUMANO.
ENSEÑARA CON EL EJEMPLO.
BUSQUEDA DE SOLUCIONES.
JALE LA CUERDA.
ÉXITO DE LA IMAGEN
CAPACIDAD PARA EMITIR ÓRDENES.

CONOCIMIENTO DE SÍ MISMO

En él capitulo primero de la primera parte se especifica que el conocimiento de sí mismo debe anteponerse al conocimiento de los demás; esta es la afirmación en que se basa el objetivo del presente trabajo, para lograr los fines que nos propongamos es necesario conocernos primero nosotros, saber que somos capaces de hacer, cuales son nuestras posibilidades, como podemos lograrlas, cual es nuestra capacidad de trabajo y cuales nuestras limitaciones.

Este conocimiento nos va a ser proporcionado por un análisis profundo y sistemático de nuestra personalidad.

Con frecuencia, el hombre común actúa sin tomar en cuenta esas consideraciones, en ocasiones esto lo conduce al fracaso de sus aspiraciones.

¿Qué somos capaces de hacer?

Hace tiempo conocí a un joven que empezó a trabajar en una tienda de departamentos como vendedor, por su capacidad en poco tiempo estuvo a cargo de una área, apreciando su diligencia el gerente de la tienda lo colocó como ayudante de un almacén, del que después fue jefe; fue propuesto para un curso de capacitación donde obtuvo magnificas calificaciones y como premio a su dedicación lo hicieron gerente de una sucursal, en este cargo fracasó. Se dedicó a atender a los clientes como cualquier empleado, a solucionar problemas que correspondían a sus vendedores y a otros menesteres de menor importancia, olvidándose de administrar y dirigir la tienda a su cargo, pues tenía miedo de fallar.

Un caso similar sucedió con un comandante de unidad que fue un buen oficial y un magnífico jefe, cuando llegó al mando de la unidad, trataba de solucionar los problemas del comandante de compañía, o del jefe de instrucción o algunos otros; inconscientemente retrasaba el momento de tomar decisiones por temor a fallar, o por miedo a los comentarios del personal a sus órdenes, ocasionando con esto graves daños a su unidad.

En ninguno de los casos mencionados, conocían los actores principales sus aptitudes, al no afrontar la situación que vivían anulaban de paso las enormes posibilidades para destacar en su cargo, y por el temor que tenían de fallar no encontraban los medios adecuados para tomar decisiones acertadas.

Estaban conscientes de que tenían una buena capacidad de trabajo, pero desconocían sus limitaciones.

Un buen jefe se forma observando y analizando las decisiones que toman sus superiores, tratando de averiguar cual hubiera sido su decisión si a él le hubiera correspondido. Solo analizando, sin juzgar ni criticar pues cada persona tiene su propia forma de actuar; solo debe considerar el modo de solucionar el mismo problema de forma diferente.

Cuando alguien juzga o critica la actuación de otra persona solo hace patente su pobreza de espíritu, además esto tarde o temprano se revierte y hace que en poco tiempo esa persona sea juzgada y criticada; recordemos que el necio critica, el tonto se queja y el hombre responsable actúa.

Con procedimientos sencillos como el anterior puede adquirir seguridad y confianza en sus actos, esto redituará en suficiente capacidad para tomar decisiones, dejando a un lado el miedo al fracaso.

El hombre que conoce sus capacidades y limitaciones lleva ventaja sobre los demás porque sabe hasta donde puede llegar, y si es lo suficientemente razonable se hará asesorar antes de tomar decisiones de asuntos en los que reconozca la limitación de sus posibilidades.

Solo la persona que es capaz de conocerse a sí mismo, estará en posibilidades de conocer, entender, ayudar y dirigir al personal bajo sus órdenes y por consiguiente sacará mejor provecho de todas las situaciones, por desventajosas que parezcan; si la persona no sabe debe preguntar a quien posea el conocimiento, sin temor a que se piense que es tonto; el que no sabe y pregunta es tonto una sola vez, el que no lo hace es tonto siempre.

En una ocasión, Séneca encontró a uno de sus discípulos sentado en muda meditación, al punto le preguntó: ¿qué hacéis? Converso conmigo mismo, le contestó el alumno, el filósofo repuso: ten cuidado, no sea que estéis hablando con una mala persona.

CONTROL DE SUS EMOCIONES

Una de las cosas más difíciles para cualquier persona es el dominio de sus emociones, la sola reacción ante un estímulo inesperado es impredecible, he visto a hombres templados desconcertarse y buscar refugio o temblar de miedo cuando un perro les ladra de cerca y de improviso.

El jefe debe dominar sus reacciones y considerar todos los aspectos conocidos de un problema antes de tomar una decisión, las decisiones que toma un jefe o un comandante, generalmente afectan a toda la organización, por tal motivo, un líder debe tomarlas con la cabeza fría y las manos calientes; esto quiere decir, que debe evaluar todas y cada una de las ventajas, desventajas y posibilidades, tomar la decisión en el momento oportuno y no desviarse de su elección.

Algunas personas se dejan llevar por sus impulsos cuando las tratan con descortesía o falta de consideración, tomando en ese momento resoluciones equivocadas; esto suele suceder cuando no se elige el momento oportuno para llevar sus ponencias ante la superioridad, o cuando al acudir a una cita encuentran irritada a la persona que les llamó o bien la encuentra atestada de trabajo; ante todo tratará de comprender a que se debe el estado de ánimo.

Se pueden atenuar los efectos causados por la irritación practicando el arte de escuchar, posteriormente se tratará de adaptar la actitud a la situación que se viva en un momento dado, es decir anteponer el dominio personal a la emotividad.

COMPRENSION DEL COMPORTAMIENTO

En cierta ocasión, un teniente que estaba a cargo de un almacén, notó que un sargento que de ordinario era muy activo no trabajaba, que permanecía sentado con la mirada perdida; el oficial se acercó y le preguntó ¿qué le pasa?, El aludido contestó ¡nada!, Entonces a trabajar, ordenó, pero el sargento no se movió; nuevamente el oficial le llamó la atención y lo amenazó con un castigo, el sargento le contestó que no le importaba. El teniente dedujo que su interlocutor tenía un problema familiar grave y lo mandó a su casa, indicándole que se presentara al día siguiente.

Al otro día, el sargento había recobrado su diligencia, se acercó al oficial para agradecerle su gesto y le confió que había tenido un fuerte problema con su esposa y esta se había ido de su casa dejándole a los niños y él no sabía que hacer, pero gracias al permiso pudo solucionar sus problemas.

Es conveniente que el jefe se entere de los problemas de sus subordinados, con el objeto de comprender sobre todo al ser humano, emplear sus cualidades en beneficio de su organización y por consiguiente en el suyo propio. Habrá ocasiones en que convenga se muestre tolerante cuando alguien que habitualmente trabaja con intensidad y es de carácter dinámico, se muestra irritado y disminuye su rendimiento a causa de algún problema.

PROMOVERA LA ARMONIA

En este caso, armonizar es lograr que cada uno de los elementos que componen la organización, trabaje voluntariamente para conseguir objetivos comunes, en beneficio de la unidad; que por convicción propia, cada persona haga la parte que le corresponde, en el momento preciso.

Por regla general, el jefe reúne periódicamente a su equipo de trabajo para "ordenar" que se de solución a los problemas que aquejan a su unidad, o para comunicar sus decisiones, o para comunicar órdenes superiores; solo en raras ocasiones algún comandante lo hace para tratar estos temas como una forma de trabajo común.

Lo ideal sería reunirlos con el fin de encontrar soluciones de equipo a problemas comunes, como: los cotidianos, tácticos, de adiestramiento, disciplinarios, de trabajo, etc., o bien para buscar la forma de dar un cumplimiento más adecuado a las órdenes recibidas de la superioridad (esto en cuanto no sea confidencial), con el fin de encontrar una solución adecuada con el acuerdo de todos.

Una de las formas podría ser reunir a su equipo de trabajo en una mesa redonda, en la cual los participantes hagan propuestas para la solución de los problemas, analizándolos y valorándolos, para que de ahí obtenga una visión clara de la situación, que lleve al comandante a tomar una decisión mas acertada; con esto pueden lograrse tres objetivos:

Primero: Que al ser tomados en cuenta, todos participen de la responsabilidad en la tarea.

Segundo: Que se percaten de la importancia que cada uno de ellos representa en la organización y así lograr su participación activa, con una iniciativa responsable.

Tercera: Que el jefe tenga una visión más amplia, al asumir la máxima responsabilidad del mando: *LA TOMA DE DECICIONES.*

RESPETO DEL SER HUMANO

Cuando era oficial recién graduado y me creía la octava maravilla del mundo, tendría unos 19 años, recibí una lección de un humilde sargento 2/o al que llamaban "el Diez", hombre de unos 40 años de edad; el sargento dictó a un soldado una orden para realizar una actividad cotidiana, que el soldado tomó a broma y decidió no cumplir.

Encontrándome presente le llamé la atención al soldado en forma directa; el sargento en forma respetuosa me dijo: Señor, permítame resolver mis problemas. En ese momento me sentí ofendido, yo era el superior y debía tener la razón, además creí que le estaba haciendo un favor; luego me di cuenta que había menospreciado la autoridad de un sargento que merecía respeto.

El respeto es vital para mantener una buena relación entre las personas, el saberse respetado obliga moralmente al individuo a corresponder en la misma forma; un jefe respetado además de mantener un ambiente sano en su organización tiene una ascendencia moral muy alta sobre su personal, esta situación favorece la formación del espíritu de cuerpo, sentimiento decisivo para el buen funcionamiento de una unidad, además, las actitudes del jefe se transmiten a los subordinados, pues esta comprobado que todo ser humano inconscientemente imita a sus superiores.

El capitán LARA comandante de la segunda compañía se irrita con facilidad y descarga su ira con los comandantes de sección, estos hacen lo mismo con los de pelotón y los de pelotón con los soldados; los soldados con la primera persona que encuentran; un compañero, la esposa, los hijos, etc.,

Los sucesos de la compañía que dirige el capitán SANCHEZ, son diferentes, él sabe conservar la calma y su actitud es de respeto al ser humano; lo que sus subalternos emulan y transmiten a sus compañeros y familiares.

EL HOMBRE SABIO INCLUSO CUANDO CALLA DICE MÁS QUE EL NECIO CUANDO HABLA.

Tomas Fuller.

ENSEÑARA CON EL EJEMPLO

El jefe debe poseer cualidades superiores a la media de sus subalternos, debe conocer mucho más que cualquier otro, es importante para poder transmitir nuevos conocimientos, aspecto que lo convierte en educador. Debe ser cuidadoso en su comportamiento ya que el ser humano tiene la tendencia de imitar a sus lideres, héroes o personas a las que admira, en este caso a su jefe, por lo tanto, las cualidades o defectos que transmita serán asimilados e imitados por el personal a sus órdenes.

BUSQUEDA DE SOLUCIONES

Cuando se han de sufrir las consecuencias de un fracaso, lo primero viene ala mente es tratar de encontrar al culpable, el instinto de conservación siempre conduce a buscar al responsable antes aún de tratar de encontrar soluciones, esto con el fin de que alguien caiga y el jefe resulte ileso, con lo cual solo se logra perder un tiempo precioso para darle solución a los inconvenientes. Lo más importante es dar solución oportuna a los problemas, ya habrá tiempo para encontrar a los responsables.

Otra cosa que sucede frecuentemente es que se trata de aplicar la primera solución que nos viene a la mente, sin meditar que puede ser la menos adecuada y que en ocasiones puede acarrear conflictos más graves.

Recuerdo cierta ocasión, en un prestigioso plantel educativo internado, el personal de alumnos salía sábados y domingos a disfrutar de unas horas de solaz esparcimiento; algunos, sin permiso desde luego, abandonaban la ciudad para visitar a sus familiares o realizar otras actividades; uno de los alumnos que salió de la urbe, se accidentó y falleció, dejando a las autoridades del plantel, la terrible responsabilidad.

La reacción de los directivos de la escuela fue prohibir a los alumnos que salieran de la población, restringir la salida de los sábados y dándoles solo unas horas los domingos para que no tuvieran tiempo suficiente para viajar. Resultado: los alumnos continuaron saliendo de la población, solo que ahora con menos tiempo disponible; utilizaban cualquier tipo de transporte sin pensar en su seguridad; con esta actitud en lugar de disminuir se aumentó el riesgo.

Cuando alguna situación se sale de control, la primera reacción de las autoridades es prohibir, controlar, aplacar, reprimir; con estas actitudes solo se logra que el personal busque la forma de violar las disposiciones. Lo que convendría hacer es supervisar, inducir, regular; para recuperar el control de la situación.

JALE LA CUERDA

Cuando llevamos a nuestra casa una persona que por primera vez la visita, por regla general le pedimos por cortesía que pase antes que nosotros, el invitado entra y se queda parado porque no sabe que hacer o hacia donde ir.

En cambio si ignoramos esta insustancial regla, pasamos por delante y le mostramos el camino, nuestro invitado tendrá la confianza y la seguridad de saber que es exactamente lo que debe hacer.

Si tomamos una cuerda y la empujamos no irá a ninguna parte, en cambio si vamos por delante y la jalamos, podremos conducirla donde mejor nos convenga y en el momento preciso; al respecto entérese usted de la siguiente anécdota:

Cuando John D. Rockefeller, hijo, llegó a la mayoría de edad en el mudo de las finanzas, su padre lo envió a ver al formidable J. P. Morgan, quien quería comprar ciertas propiedades pertenecientes al magnate del petróleo. John D. Hijo, entró al despacho del banquero. Este tenía la cabeza enterrada entre un montón de papeles que cubrían su escritorio y fingió largo rato no darse cuenta de la presencia de su visitante.

Este tratamiento hubiera hecho que hombres de más años y más experiencia perdieran la compostura. Rockefeller hijo, permaneció impasible. Finalmente Morgan se dirigió a él con sequedad:

Me dijeron que su padre desea vender unas propiedades mineras. ¿Cuánto quiere?

Se equivoca usted —contestó Rockefeller hijo, tomando su sombrero- yo no vine a vender. Me dijeron que usted quería comprar.

Antes de que el atónito banquero pudiera contestar el joven Rockefeller se marchó. Pocos días después Morgan compró la propiedad... por el precio que pidió Rockefeller.

El jefe debe conducir a su personal tirando suavemente de la cuerda, hasta educarlo, para que tome la senda que mejor convenga al buen funcionamiento de la organización.

ÉXITO DE LA IMAGEN

Como parte esencial de una organización, el jefe debe aprender a proyectar su imagen, su porte, su personalidad. El jefe siempre debe proyectar la imagen del éxito.

La mayoría de los jefes no nacen con el don de mando, afinan sus habilidades con el diario vivir; las dotes del dirigente no pueden beberse como un tónico, deben cultivarse con esmero, su imagen crece con ellos.

En cierta ocasión tuve necesidad de entrevistarme con un presidente municipal "amigo mío" pues deseaba aclarar el cobro de un servicio que me parecía excesivo.

Las puertas de su despacho se encontraban cerradas, me anuncie con su recepcionista la cual me indicó que me iba a anunciar para ver si podía recibirme, cuando regresó me indicó enseguida lo recibe; a pesar de ser el primero me hizo esperar mucho tiempo, en la antesala se iban acumulando las personas que pedían verlo. Por fin fui recibido, cuando le vi noté que había subido de peso, usaba ropa de buena calidad, su oficina estaba lujosamente decorada, diplomas y reconocimientos adornaban las paredes, su escritorio limpio, impecable; le había ido bien, no había duda.

Sin levantarse de su escritorio me saludó de mano, una mano floja, sin seguridad ni energía, su mirada huidiza, desconfiada; traté de platicar con él de tiempos pasados, a lo que respondía con monosílabos. Finalmente le expuse el asunto que me interesaba aclarar; desde luego me dijo que no podía ayudarme, que no tenía facultades para eso y me envió con un funcionario menor. Creí que eras el presidente municipal, le dije en tono despectivo, y me retiré.

Considerando mi causa perdida y sólo por no dejar las cosas así, fui con el funcionario que me recomendara "mi amigo".

Su oficina se encontraba abierta, amueblada con sobriedad y buen gusto no tenía personas esperando; me anuncié con la recepcionista, la que me indicó con seguridad, enseguida lo recibe y se retiró para anunciarme; fui recibido de inmediato.

Sin conocerme se puso de pie y me tendió la mano, que diferencia, su saludo denotaba confianza, seguridad, fuerza, decisión, firmeza. Vestía con elegancia y sobriedad, y miraba directamente a los ojos de su interlocutor.

Después de un breve intercambio de palabras le expuse mi problema, al que en ese momento dio una solución más que aceptable. Este hombre, pensé, es la imagen del éxito.

Los buenos dirigentes han aprendido a proyectar una imagen de triunfador, inspiran siempre confianza y seguridad, si acaso tienen momentos de duda, no lo demuestran, siempre actúan como si supieran hacia donde van. No descuidan ni su apariencia ni sus modales, su compañía suele ser grata, su conversación amena y su comportamiento sereno y confiado, aceptan a los demás como son, estimulándolos a ser más positivos, más productivos, más humanos.

CAPACIDAD PARA EMITIR ORDENES

Una de las tareas más importantes del jefe es emitir órdenes, a todos nos parece lo más natural, que el jefe ordene y los demás obedezcan; sin embargo es quizá la actividad más difícil de realizar; sobre todo en las organizaciones en que no se cuenta con un patrón disciplinario que garantice la obediencia.

Saber mandar requiere muchos años de experiencia, conocimientos sobre la materia tema de la orden, sentido común, conocimiento del comportamiento humano, etc., pero sobre todo saber lo que se está haciendo; esto último se refiere a saber dar una orden.

Muchos jefes dan órdenes sin respetar las reglas que deben regir la promulgación del mandato; esto puede ocasionar que las órdenes sean mal interpretadas, que no se cumplan o lo que es peor, que sean manipuladas por personas poco escrupulosas.

Una orden es un mandato dictado por el jefe a quien corresponda hacerlo; son instrucciones que no están sujetas a discusión, solo serán aclaradas por el dirigente cuando este considere pertinente hacerlo, o cuando el subordinado a quien corresponda ejecutarlas así lo solicite.

LAS ORDENES SON PARA CUMPLIRSE, NO PARA DISCUTIRSE.

Dicho popular castrense.

Cuando el jefe, director o comandante dicte una orden, procurará hacerlo de forma general, sin entrar en detalles de ejecución, con el objeto de estimular la inteligencia e iniciativa de la persona que deba ejecutarla y pondrá especial cuidado en vigilar y supervisar que se cumpla en el lugar y momento adecuados, sin permitir que sea modificada o manipulada.

> **ORDEN DADA Y NO SUPERVISADA, NO SIRVE PARA NADA.**
>
> Dicho popular castrense.

Las órdenes deberán ser:

CLARAS.
PRECISAS.
CONSISAS.
VIABLES.

CLARAS: Con el objeto de que el subordinado al que corresponda ejecutarla, pueda comprender con exactitud lo que debe hacer.

PRECISAS: Especificarán con transparencia el objetivo por cumplir, sin información extra que pueda crear confusión en el responsable de la ejecución.

CONSISAS: La brevedad en el contenido de la orden motivará en el subalterno el empleo de la inteligencia e iniciativa en su cumplimiento.

VIABLES: Debe existir la posibilidad de que puedan llevarse a cabo con los medios que posea la persona o la unidad que deba ejecutarla; evitará dar órdenes contrarias a las leyes, que constituyan un delito o que no puedan cumplirse, esto solo acarreará problemas al ejecutante y quedará en evidencia el prestigio del jefe.

Sin embargo, y a pesar de la aparente contradicción debemos estar conscientes de que el hombre siempre podrá desarrollar un esfuerzo extra y el que este dispuesto a dar ese pequeño excedente, esta en capacidad de realizar tareas muy difíciles.

El ejército, acatando órdenes aparentemente imposibles de cumplir, ha llevado a cabo tareas aparentemente irrealizables.

La magnitud de las órdenes que se emitan solo podrá ser aquilatada por el jefe a quien corresponda editarla, basándose en su experiencia y conocimientos y la responsabilidad de su buen cumplimiento será solo suya, si una orden no puede cumplirse o se manipula es porque no fue bien calculada o no estuvo suficientemente supervisada.

UN OFICIAL NO DEBE SENTIRSE SATISFECHO DE SU ACTUACION HASTA NO HABERSE GANADO LA CONFIANZA Y EL CARIÑO DE SUS HOMBRES, ES DECIR, HASTA NO TENER LA CERTEZA DE HABER ADQUIRIDO SOBRE ELLOS EL ASCENDIENTE QUE GARANTICE SU OBEDIENCIA AUN CON PELIGRO DE SUS VIDAS.

Mariscal Pétain.

CAPITULO SEXTO

LACOLABORACIONDELOS SUBORDINADOS

El buen jefe logra que sus subordinados colaboren y cooperen en forma voluntaria y con entusiasmo, en todas las actividades; en ocasiones lograr esto se torna difícil, pues es frecuente que el subalterno solo obedezca, es decir, que solo se limite a cumplir las órdenes que reciba, sin poner en ello todo el empeño y todo el entusiasmo que la empresa requiere.

Esto normalmente se debe a que el subalterno no confía en sus superiores, ya que estos suelen ser injustos, descorteses, y en no pocas ocasiones, arbitrarios y groseros.

Muchos comandantes piensan que se debe actuar así para mantener la disciplina, que mientras mayor sea el temor que los subordinados sientan por sus jefes, serán más las posibilidades de obediencia, no es conveniente que los subordinados vean a sus jefes con temor; lo más importante es lograr que las reglas que rigen nuestra conducta sean observadas en forma consciente; que el orden, la subordinación y la obediencia sean una doctrina, un dogma, voluntariamente aceptados por todos. El jefe logrará esto, cundo el personal a sus órdenes, cualquiera que sea el grado que tenga, confíe en la actuación de sus superiores, esta condición el jefe no puede imponerla, necesita conquistarla.

Hay ciertas cosas que los subalternos esperan de sus jefes y que pueden significar la cooperación y participación espontaneas de los primeros, para la realización de actividades y en el cumplimiento de las órdenes; entre otras, podemos considerar las siguientes:

RECOMPENSA DEL ESFUERZO.
SALARIOS, PRESTACIONES, ALIMENTOS.
TRATO CORTES.
COMPRENSION.
ASCENSOS.
SENTIMIENTO DE IMPORTANCIA.
RESPETO DE LAS JERARQUIAS.
EL CUMPLIMIENTO DE LAS ÓRDENES.

EL HOMBRE NECESITA A CADA PASO DE LA AYUDA DE SUS SEMEJANTES, Y ES INUTIL QUE LA ESPERE TAN SOLO DE SU BENEVOLENCIA.
                                                    Adam Smith.

RECOMPENSA DEL ESFUERZO

Es muy frecuente que al hacer las anotaciones en los documentos del personal, que se anoten solo los castigos y nunca o en muy raras ocasiones se reconozcan los esfuerzos de los subordinados, en ocasiones es necesario poner anexos para anotar las sanciones, casi nunca se anota ningún estimulo a sus esfuerzos, y con esto se juzga la conducta.

El hombre es cierto, esta acostumbrado desde niño a ser castigado y nunca o solo en raras ocasiones a ver recompensados sus esfuerzos. El jefe, por regla general acostumbra percatarse de los errores para castigarlos, en pocas oportunidades se buscan las cualidades y es menos frecuente aún que se haga lo necesario para que un esfuerzo sea recompensado. Cuando el jefe fomenta el castigo en su organización, incrementa el temor de culpabilidad y de angustia, continuamos viviendo sin lugar a dudas en la época del castigo.

Frecuentemente se usa que cuando se cometen errores graves en determinada administración, sobre todo en las dependencias oficiales se castiga al equipo; por ejemplo: se disuelven o se cambian unidades completas. El castigo en grupo es contrario a la disciplina, pues en lugar de corregir se consigue que los verdaderos responsables se oculten en el anonimato, estos, seguirán haciendo daño en el destino que se les designe. Es preferible llevar a cabo una investigación para deslindar responsabilidades y aplicar correctivos a los culpables, con lo que se haría realmente un escarmiento y se tendría control sobre ellos, acción más efectiva que castigar por igual a inocentes y culpables.

Recientes estudios pedagógicos y psicológicos sobre el tema que nos ocupa, arrojan resultados sorprendentes, se ha demostrado que el estímulo y la recompensa dan mejores frutos que los que se obtienen con la represión y el castigo. Si se observa que un subalterno tiene buen rendimiento y se esfuerza en mejorarlo, es conveniente llamarle y decirle por ejemplo: es usted un buen elemento, estoy satisfecho de tenerlo bajo mis órdenes, sin embargo trate de superarse, usted puede mejorar y llegar lejos, el elemento estará consciente de que se reconoce su esfuerzo y tratará de rendir más.

El buen director debe saber elegir el lugar y el momento para elogiar a sus subalternos, si da la impresión de que nunca hacen las cosas bien, ellos se considerarán torpes e incapaces.

SALARIOS, PRESTACIONES, ALIMENTOS

Sabemos que el hombre busca satisfacer sus necesidades por medio del trabajo, el jefe debe supervisar que los salarios se paguen completos y oportunamente, que las prestaciones que marca la ley sean proporcionadas en el lugar y en el momento adecuados, y que la alimentación se suministre tan abundante y de buena calidad como lo permita el presupuesto; solo con sus necesidades satisfechas puede obtenerse del personal, un buen rendimiento.

TRATO CORTES

Todo ser humano desea ser tratado con atención y cortesía, cuando esto sucede, corresponde en la misma forma hacia las personas que le rodean, esto mejora el ambiente de trabajo y como consecuencia aumenta el rendimiento del personal; sí los jefes practican las reglas elementales de buena educación, mejorará el comportamiento de los subalternos que las imitarán y en muchas ocasiones hasta las emularán, claro, esto no quiere decir que se usen familiaridades que rompan con la disciplina, estamos conscientes de que entre las características del jefe están su firmeza y estabilidad.

SE CORTES CON TODOS; SOCIABLE CON MUCHOS; FAMILIAR CON POCOS.

Franklin.

COMPRENSION

Como anotamos en el capítulo anterior, en ocasiones se presentan desaciertos y lo primero que hace el jefe es buscar al responsable para aplicar un correctivo disciplinario y así evitar posibles repercusiones en su contra; recordemos, que en el equipo de trabajo se es superior de algunos, pero subalterno de otros y como subalterno se espera ser tratado con tolerancia, cuando por algún motivo justificado le es imposible alcanzar su rendimiento habitual. En tal situación, el jefe debe aplicar el *arte de escuchar*, para conocer los motivos que lo impulsan a actuar en esa forma, el subalterno desea que sus jefes comprendan que son seres humanos, por lo tanto, falibles.

ASCENSOS

Entre las metas que todo humano desea alcanzar esta el progreso, el jefe debe hacer sentir a sus subordinados esta posibilidad, observarlos y promover los ascensos de aquellos que lo merezcan; es común que algunos jefes promuevan ascensos de elementos que no lo merecen, solo por que sienten por ellos simpatía, o bien han recibido de ellos servicios personales o atenciones especiales, con esto provocan descontento e inconformidad, falta de cooperación y apatía.

SENTIMIENTO DE IMPORTANCIA

El jefe a menudo desdeña la importancia de las actividades desarrolladas por el personal a sus órdenes, considera que si hace las cosas mal se hace acreedor a una sanción, y que si las hace correctamente es solo su obligación; casi nunca toma en cuenta el esfuerzo que realiza para hacerlas acertadamente y es poco frecuente que le haga saber la importancia que tiene su trabajo, esto ocasiona que el personal cumpla con sus obligaciones solamente para salir del paso y se esfuerce poco; el jefe puede obtener un mejor rendimiento de sus subordinados con solo unas palabras de aliento que lo hagan sentirse satisfecho.

El soldado ordenanza José Pérez se sintió satisfecho y aumentó su reconocimiento hacia su jefe solo por que este le dijo: sin su trabajo esto sería una pocilga, Pérez se prometio aumentar sus esfuerzos, pues sabe que hay quien reconozca su trabajo.

RESPETO DE LAS JERARQUIAS

El jefe debe vigilar que se respeten las jerarquías en el área de su responsabilidad, que se utilicen adecuadamente los canales de comunicación (conductos regulares) y darle a cada jefe subalterno la importancia que merece, por ejemplo: si un comandante de compañía da una orden directa a un sargento comandante de pelotón, ofende con su actitud al comandante de la sección, pues menosprecia su autoridad, debilitándola ante los demás comandantes de pelotón y ante todos sus subordinados; esto puede suceder también a la inversa, cuando un subordinado se salta varias jerarquías y se entrevista con un jefe superior al que depende, para tratar asuntos relacionados con las actividades que realiza, pasando sobre la autoridad de sus jefes inmediatos y salva conductos; menosprecia y desconoce la autoridad de estos, rompiendo con su actitud el principio de autoridad.

Es provechoso que el jefe oriente sus conocimientos para consolidar las buenas relaciones con el personal a sus órdenes, obtendrá mejores resultados que convirtiéndose en dictador; debe considerar que su prestigio bienestar y futuro dependen en gran parte del interés en el desempeño de las actividades, de la lealtad y de la cooperación sincera y espontánea que fomente en el personal que depende de su autoridad.

LO MEJOR QUE PUEDE ENSEÑARSE AL SOLDADO
ES EL ESPIRITU DE CUERPO, ES DECIR, QUE
COLOQUEN A SU REGIMIENTO MAS ALTO
QUE TODAS LAS TROPAS DEL MUNDO.

Federico el Grande.

La persona que tenga el privilegio de ser titular de un mando, debe considerar que están bajo sus órdenes individuos con personalidad propia y criterio definido, por tal motivo, deben ser tratados como seres humanos; a continuación se anotan algunas consideraciones que es conveniente tomar en cuenta al ejercer el mando:

Confiar en las posibilidades de los hombres a su cargo, tanto como en él mismo o más, debe recordar que él los adiestró.

Respetar a sus hombres, no amonestarlos en público, por el contrario, elogiar sus aspectos positivos frente a la unidad.

Trate de evitar críticas, prefiera enseñar con el ejemplo; cuando deba dar órdenes procure que sean claras y precisas, tratado de que puedan ser cumplidas con la participación de todo el equipo.

Procure que los empleos estén de acuerdo con sus aptitudes personales sus gustos e intereses.

Evite tomar aún de manera transitoria, la iniciativa de una responsabilidad que corresponda a un subalterno (esto debe hacerse solo en caso extremo), aunque piense que procedería mejor, evite pasar por encima de sus jefes subordinados.

Es del conocimiento general que el comandante debe cumplir con su unidad las órdenes que emanan de la superioridad, estas deben ser claras y precisas como: marchar, detenerse, resistir, etc., en todo caso cuando tenga la oportunidad y lo considere conveniente, tratará de platicar con los miembros de su unidad antes de tomar una decisión importante acerca de intereses comunes, así sabrán la importancia que tienen para el jefe y se sentirán más obligados a participar.

SER HUMILDE PARA CON LOS SUPERIORES ES UN DEBER, PARA CON LOS IGUALES, UNA MUESTRA DE CORTESÍA; PARA CON LOS INFERIORES, UNA PRUEBA DE NOBLEZA.

Franklin.

EL CUMPLIMIENTO DE LAS ÓRDENES

Cuando el subalterno recibe una orden del jefe a quien corresponda obedecer, la leerá y analizará cuidadosamente, pidiendo le sean aclarados todos aquellos temas que le parezcan confusos; cuando reciba una orden verbal de especial importancia y trascendencia pedirá que le sea ratificada por escrito a la brevedad posible.

Con los medios a su alcance, pondrá todo su empeño e inteligencia para ejecutarla en tiempo y espacio y estimulará su iniciativa para llevarla a cabo de la mejor manera posible, procurando emplear solo el personal, material y esfuerzo necesarios para su realización.

Pudiera presentarse el caso de que en alguna ocasión reciba una orden cuya ejecución constituya un delito, deberá entonces recordar que la responsabilidad legal, corresponde tanto al jefe que imparta la orden como al subalterno que la ejecute.

CAPITULO SEPTIMO

EL TRATO CON UN JEFE DIFICIL

Este es un tema harto escabroso, entraña un grado de dificultad enorme si tomamos en cuenta que las *Relaciones Humanas* deben enfocarse desde dos puntos de vista igualmente importantes, la del superior y la del subordinado; que el primero es el que lleva la batuta, el que dirige, el que ordena, el que pone condiciones; el segundo es el que acata, el que obedece, el que esta en desventaja, pero también es el que lleva menos responsabilidad.

La responsabilidad del mando presiona al jefe para actuar en forma intransigente con las personas que tiene bajo sus órdenes, esto puede suceder a causa del temor natural que se tiene a perder la posición de que se goza, o a la posibilidad de ser desplazado por alguno de sus subordinados, o por temor a que alguno de ellos le traicione, o simplemente a quedar mal ante aquellos superiores que lo distinguieron con su confianza al otorgarle el cargo; puede suceder también que el mando modifique o afecte sustancialmente la personalidad de quien lo ejerce.

Existen muchos factores más que pueden influir en el comportamiento del jefe, el psicólogo Hardy Grothe, coautor del libro "Jefes difíciles; quienes son y como tratar con ellos" opina: "casi todos los jefes representan algún problema y analiza: que la razón pudiera ser la falta de preparación; evalúa: casi todos fueron elevados a niveles gerenciales porque destacaron en sus puestos anteriores, más no porque hayan tenido habilidad en lo que se refiere a motivar a las personas".

También pudiera darse el caso de que fueran colocados en sus cargos por favoritismo de personas influyentes; normalmente para conceder los ascensos se evalúan los conocimientos técnicos, la capacidad de trabajo, la conducta, la salud, la condición física, pero se le presta poca atención a la capacidad del futuro jefe para efectuar un eficaz empleo y control adecuado del personal. Según señala Stanley Breig, autor de "Crazy Booses" (Jefes desquiciados) "En tiempos de incertidumbre se considera viable obtener resultados a cualquier precio, las organizaciones escogen como jefes a los individuos más rígidos y exigentes que son los menos capaces de adaptarse a las situaciones difíciles".

Puede suceder también que el cargo sea consecuencia de la especialidad, por ejemplo: que se nombre a un médico para administrar un hospital, este, conocerá a la perfección el aspecto técnico de la medicina, pero como es comprensible carecerá de conocimientos administrativos, tampoco sabrá como emplear y motivar al personal a sus órdenes.

Sí le toca la mala fortuna de padecer a un jefe complicado, lo primero que debe procurar es adaptarse a las condiciones de trabajo que predominen en la unidad, sin que esto quiera decir que permita que se opaque su personalidad, debe tener siempre presente que es una persona consciente, dedicada, disciplinada y que está en la mejor disposición de cooperar con el mando en forma inteligente para lograr los mejores resultados en su trabajo, procurando siempre el respeto mutuo. Recordemos también que lo normal es que ningún tipo de jefe se manifieste en estado puro, que generalmente tienen una mezcla de actitudes, pero que alguno predomina.

JEFE TIRANO O AUTOCRATA

En los primeros días de mi estancia en una unidad, el comandante me llamó y me ordenó que pintara el comedor, para el efecto mandó tres elementos de fajina. Al día siguiente me llamó a gritos, se notaba muy irritado, sus facciones se notaban alteradas; en el mismo tono y frente al personal subalterno me dijo: le mandé ayer una fajina para que pintara el comedor y no ha hecho nada; le dije que el comedor era muy grande, que apenas estaban limpiando las paredes y que hasta ese día me entregarían de la tienda las pinturas y las brochas, no valieron razones, me calificó de inepto, ordenó se me aplicara un correctivo disciplinario y que retiraran al personal de fajina.

Con el transcurso del tiempo note que la mayoría de mis compañeros se amedrentaban frente a la agresiva actitud del jefe, consideré que el tirano se alimentaba del temor de los demás; los que más trataban de escapar de su furor casi siempre se convertían en la víctima inmediata.

No pude menos que admirar la actitud de un oficial recién llegado, cuando el comandante levantaba la voz el oficial lo hacía también; no me grite, le dijo en una ocasión el comandante. No le estoy gritando, contestó el oficial; solo temo que si bajo el volumen de mi voz, usted no me escuche. Poco a poco el jefe comenzó a tratarlo con más respeto.

El subalterno puede ser más sutil y tratar de razonar con el jefe cuando se haya calmado, o hacerle saber que su forma de proceder le afecta; dígale por ejemplo: yo sé que su intención es que mejore mi rendimiento, pero sus gritos me alteran y no puedo cumplir sus órdenes con esmero. Puede también esperar a que haga una pausa y decirle: me gustaría entender lo que esta diciendo, le ruego que hable más despacio.

Recuerde que no es recomendable bajar nunca la guardia; ante un jefe difícil, adopte una actitud de dignidad lo más pronto posible, porque una vez que se establece la relación: dominador – dominado, es muy difícil romperla; cualquiera que sea su forma de actuar procure que se lleve a cabo en privado para que no parezca una falta de respeto.

JEFE NEGLIGENTE O INDOLENTE

No hay nada que dañe tanto a las organizaciones como la falta de capacidad de sus dirigentes.

Hace tiempo, un amigo ascendió y de inmediato recibió ordenes de hacerse cargo de una unidad, una vez que tomo el mando dejó que todo siguiera igual, nunca reunió a su personal, no daba instrucciones ni establecía directivas de trabajo, consideraba que todos sabían lo que tenían que hacer; uno de los elementos a sus órdenes me comentó: "por desgracia, él detesta los conflictos, si alguien comete un error tenemos que hacer lo posible por cubrirlo en lugar de que tome medidas para corregir las cosas".

Se puede considerar que el jefe indolente no es capaz de ejercer el mando por temor a crear conflictos, permite que cada elemento haga las cosas a su modo y como mejor le parezca.

Generalmente en estos casos el que le sigue en jerarquía es el que toma el mando. Es conveniente que cuando deba llevarse a cabo una actividad importante, el subalterno se entreviste con el jefe y le presente dos o más propuestas y le recomiende alguna de ellas como la más viable, de esta forma tomará la iniciativa sin pasar sobre la autoridad de su superior.

JEFE INDECISO

Es difícil el trato con este tipo de jefes pues carecen de continuidad en sus actos, el interés por determinado asunto lo pierde casi de inmediato cuando se da cuenta de que existe otro en puerta; no concreta ni termina ninguno de ellos, en ocasiones ni siquiera recuerda haber dado alguna orden, en consecuencia el subalterno se ve colocado en una situación en la que no sabe que hacer.

Es importante que todas las órdenes se cumplan en tiempo y espacio; es decir: en el momento oportuno y en el lugar adecuado; ya que fueron impartidas en el momento en que se detectó la necesidad de ellas; eso es precisamente lo que debe hacérsele comprender al jefe, pedirle que establezca prioridades; diciéndole por ejemplo: Señor estamos ejecutando la primera orden que nos dio, pero si considera que hay otra más importante especifíquelo usted para cumplirla primero.

JEFE INTRIGANTE

Es un personaje egocéntrico, trata de atraer la atención de sus subordinados para convertirse en el centro y así satisfacer su necesidad de autoestima, para lograrlo propicia el fraccionamiento entre sus subalternos por medio de la intriga; esta actitud ocasiona que todos ellos se encuentren divididos, que no confíen los unos en los otros, por lo tanto no estarán en condiciones de hacer trabajo de equipo.

Para contrarrestar esta influencia, es conveniente que los subalternos aclaren de inmediato las diferencias que puedan surgir a consecuencia de la actitud del jefe, procurar no enfrentarse entre ellos, recordemos que la comunicación adecuada es el principio de la solución de los conflictos, dos persona o fracciones que estén dispuestas a dialogar honestamente, estarán en posibilidad de llegar a un acuerdo y allanar la mayoría de las dificultades que se presenten.

JEFE AMARGADO

A este tipo de jefe nada la parece bien, siempre esta corrigiendo, no permite la mínima iniciativa, su exagerada escrupulosidad hace más lento el trabajo, cuando las actividades se retrasan se pone aún más difícil y les hace la vida imposible a sus subordinados; tal parece que necesita algo de que preocuparse, solo requiere de un pretexto para llamarles la atención o castigarlos.

El subalterno sobre todo debe tratar de hacer las cosas lo mejor posible, si aún así se le ordena que repita el trabajo que acaba de hacer y que considera bien realizado; recuérdele las demás actividades, aún pendientes y pídale que le diga a cual debe darle prioridad.

Manténgalo informado del adelanto de su trabajo, pídale constantemente su opinión sobre como realizarlo, tal vez así evite la supervisión constante, no espere reconocimiento por el esfuerzo que realice, este tipo de jefe no brinda palabras de aliento.

Cualquiera que sea el tipo de jefe que le toque en suerte, recuerde que usted es el que debe adaptarse al medio para sacar el mejor provecho posible; trabajar duro es indispensable para tener éxito, nadie llega a la cima basándose en quejas.

Entender a su superior puede facilitarle a usted la convivencia, antes de actuar deténgase y analícese, tal vez usted tenga algo de culpa en el conflicto, de ser así, procure corregir los aspectos de su conducta que contribuyan al problema, quizá pueda lograr que su superior cambie, recuerde que hasta el jefe más difícil le permitirá resolver los problemas a su modo siempre y cuando *este convencido de su lealtad.*

Existe la posibilidad de que aún cuando usted haga el mejor de sus esfuerzos, la situación no mejore, no se de por vencido, lo peor que puede hacer es renunciar, enfrente el reto, las situaciones complejas fortalecen el carácter, además, de los jefes difíciles es de quien más se aprende, sale a flote su verdadera personalidad, su habilidad para sortear el temporal, aprenderá a vencer sus temores, le obliga a establecer prioridades y a negociar para conseguir mejores condiciones de trabajo, le coloca en posibilidad de rebasar sus propias expectativas, etc.

Los subalternos que resisten el trabajo con un jefe de características difíciles, tienen la posibilidad de ascender pronto ya que por las condiciones de trabajo se producen frecuentes cambios de personal, además de ganarse el respeto de sus compañeros y de otros superiores por su habilidad para sortear conflictos.

Finalmente aprende, tal vez lo más importante, esta persona aprenderá por experiencia que es lo que debe, o no, hacer con sus subordinados cuando llegue a ostentar el mando.

TERCERA PARTE

ORGANIZACIÓN PARA EL TRABAJO

CAPITULO PRIMERO

GENERALIDADES

Este capítulo no tiene la intención de rivalizar con manuales de organización, tampoco pretende corregir las estructuras establecidas, menos aún cuestionar la Orgánica de cualquier empresa; en realidad su única pretensión es que cada director o jefe en su nivel aproveche mejor las características personales del ente humano, asignando a cada elemento al puesto en el que dé mejor rendimiento.

Es favorable para los fines de todas las organizaciones, que realicen sus actividades bajo el sistema de dinámica de grupos, esto es: organizar grupos activos y participativos de trabajo, en donde y cada uno de los elementos pase a ser actor dinámico, que esté consciente de su responsabilidad y al mismo tiempo se desarrolle con inteligencia e iniciativa, con lo que se puede fomentar además el espíritu de cuerpo. Así el individuo estará consciente de que su actividad será conocida por todos sus compañeros, por ese motivo procurará dar su mejor esfuerzo, ya que si tuviese fallas serian también conocidas por ellos.

Hace tiempo tuve necesidad de acudir a una flamante clínica (recién inaugurada), por encontrarme enfermo, me llamó la atención la elegancia de las instalaciones, la distribución del edificio, todo parecía muy bonito y funcional, instintivamente las comparé con otras instituciones que sufren grandes carencias por lo incomodo de sus instalaciones y pensé cuan afortunado era al contar con ese servicio.

Acudí al puesto de control donde entregué la documentación que me acreditaba como derechohabiente y solicité un carnet para consulta. Tres horas después aún no tenía noticias de la elaboración del documento solicitado, por supuesto no había sido atendido ni sabía a que consultorio debía acudir para recibir atención médica.

La persona responsable de realizar este trabajo no se encontraba en su puesto; nadie sabía si el documento había sido elaborado; por comentarios que hicieron sus compañeros me enteré de que la citada persona encargada de realizarlo, había abandonado sus actividades para acompañar a un familiar, con el objeto de que fuera atendido con presteza.

Tratando de investigar en que lugar se encontraba mi carnet, pregunté al recepcionista de un consultorio, donde se ubicaba el sitio destinado a la consulta general, me contestó que no sabía, a pesar de que se encontraba solo a unos pasos.

Muy molesto solicité hablar con el director del nosocomio, quién me recibió de inmediato, más rápido que en el puesto de control, escucho con atención mi queja y de inmediato ordenó al subdirector que diera solución al problema; el funcionario se limitó a imponer algunas sanciones.

Resultaba evidente que aún cuando existía una orgánica, el personal no estaba ubicado en el lugar donde podía ser más útil de acuerdo con sus características personales, que carecían de adiestramiento adecuado, no tenía espíritu de servicio y no había sido motivado.

El jefe deberá conocer cada una de las posibilidades y limitaciones de sus subordinados, para asignarles las tareas en los equipos de trabajo, deberá además conocer sus problemas personales, si existe la posibilidad, sus relaciones familiares; saber si sus necesidades han sido satisfechas por medio del trabajo, etc., todo, con el fin de estar en condiciones de determinar su rendimiento.

El asignar tareas adecuadas a las condiciones de cada elemento, el tratar de que sus problemas se solucionen, etc., traerá como resultado, que esa persona sea leal a los principios que profesa y por consiguiente que las actividades se realicen con toda honestidad y de ser necesario hasta el sacrificio.

El cumplimiento del deber ha de ser hasta el sacrificio, pero un sacrificio inteligente: no es conveniente que haya hombres que mueran inútilmente por la patria sino hombres que vivan, que trabajen y que luchen para engrandecerla.

La organización del personal en el trabajo, favorecerá el establecimiento de buenas relaciones humanas; para una buena organización debemos considerar los mismos requisitos que son necesarios para la planeación:

Que vamos a hacer, es decir que es lo que nos exige la actividad que vamos a realizar; estableciendo metas claras y objetivos definidos.

Como lo vamos a hacer, para esto es necesario organizar una división racional del trabajo en un ambiente que favorezca la cooperación y participación espontanea de los integrantes del equipo, esto puede ayudar a limar asperezas, solucionar conflictos personales, establecer las condiciones favorables para fomentar el espíritu de cuerpo e impulsar la voluntad de servicio.

El *Cuándo* y el dónde lo establecerán las circunstancias especificas de cada caso.

CAPITULO SEGUNDO

GRUPOS DE TRABAJO

EL GRUPO HUMANO

Consideramos como grupo humano, al conjunto de personas que se reúnen con un fin determinado, aún cuando no se conozcan entre sí, no tengan los mismos intereses, no satisfagan necesidades comunes, etc., por ejemplo: cuando los invitados a una boda se reúnen para comer.

Cuando el fin de la reunión ha sido predeterminado y se realizan además actividades de conjunto decimos que el grupo tiene correlación interna, por ejemplo: cuando se reúnen para llevar a cabo una manifestación política, en este caso muchos se conocen entre sí y comparten algunos intereses.

Cuando a los integrantes de un grupo se les asignan funciones determinadas para conseguir un fin común, entonces el grupo adquiere una contextura funcional y una cohesión interna que obliga a los integrantes a adoptar conductas similares que ejercen influencias determinadas, en todos sus integrantes.

EL INDIVIDUO Y EL GRUPO

El grupo tiene la característica peculiar de ejercer determinadas influencias sobre sus componentes, de hacer que en mayor o menor grado se sientan aceptados en la organización y que en alguna forma satisfagan sus necesidades de asociación, esta es la causa de que cada individuo se sienta ligado al grupo del que depende, y que todos los componentes del mismo coincidan en el comportamiento hacia el conjunto.

Esta cualidad hace que surja en el grupo una característica que moldea y configura al ingrediente humano, para darle resistencia y capacidad, así como una apariencia determinada.

De esta manera cada grupo adquiere, por decirlo así, una personalidad que *no es la suma de las características de los individuos que lo establecen*; el grupo es una unidad diferente, específicamente constituida, que da vigor a cada uno de los sus componentes.

Las agrupaciones sociales se forman con individuos que tienen ideas afines, conductas semejantes, creencias parecidas, una posición social análoga, o bien intereses personales ínter relacionados; esto da lugar a la formación de grupos selectivos.

Generalmente en la iniciativa privada o en las dependencias oficiales, se forman grupos de trabajo integrados por personas de características diversas, lo que trae como condición que el individuo que ingrese a la organización deba someterse a un periodo de adaptación, en el que incorpore a su personalidad las características que conforman a su futuro equipo de actividades, hasta que se amolde completamente y haga su aportación personal de trabajo en beneficio común; en cuyo caso decimos que el individuo se ha integrado al grupo. A estas organizaciones podemos conocerlas como grupos afines.

Sucede con mucha frecuencia, que algún individuo que ha sido incorporado a un grupo de trabajo no logre integrarse plenamente, esta inadaptación puede tener varias causas, algunas pueden ser: falta de capacidad para el puesto, falta de vocación, apatía por el trabajo a realizar porque no les gusta, etc., esto quiere decir sencillamente que no ha sido ubicado acertadamente dentro del grupo.

En estos casos, el dirigente debe observar la actitud del individuo, dialogar con él, vigilar sus reacciones, conocer sus necesidades y su forma de pensar, para ubicarlo en el puesto en que pueda rendir mejores dividendos.

CAPITULO TERCERO

CLASIFICACION DE LOS GRUPOS

El comportamiento de un individuo cuando actúa aislado es diferente al que observa cuando forma parte activa de un grupo, esta particularidad es estudiada por una ciencia que se denomina *Dinámica de Grupos*, con un amplio campo de escrutinio en el tema, esto le da capacidad para clasificar a los grupos en diferentes formas, de acuerdo a los requerimientos de cada caso.

Para este estudio solo mencionaremos algunos datos que pudieran sernos de utilidad para mejorar la relación humana, entre el mando y sus subalternos; por este motivo solo consideraremos a los grupos formados por individuos que tienen trato directo entre sí, a los que llamaremos *Grupos simples*; y a los formados por personas que carecen de esa peculiaridad y que en ocasiones ni siquiera se conocen; a los que llamaremos *Grupos Complejos*.

GRUPOS SIMPLES

Se encuentran formados por elementos que conviven diariamente, que se conocen personalmente y observan cierta confianza y amistad en su trato cotidiano, motivo por el cual contribuyen directamente a la integración del individuo al grupo, y se ayudan entre sí en el desempeño de sus actividades.

Como ejemplo de estos grupos encontramos: a la familia, a los alumnos de un grupo escolar, a los integrantes de las pequeñas unidades de combate, a los empleados de una planta armadora de autos, etc., los integrantes de estos grupos tratan de conseguir las mismas metas, efectúan actividades similares, se conocen por sus nombres y casi siempre se tutean.

GRUPOS COMPLEJOS

La magnitud de estos grupos hace que tengan que existir fraccionados, su área de influencia es muy amplia, por sus características especiales podemos distinguir dos ramas: Grupos Complejos Primarios y Grupos complejos secundarios.

GRUPOS COMPLEJOS PRIMARIOS

Generalmente están compuestos por personas que no conviven juntos, no utilizan el mismo alojamiento para realizar sus actividades, sus técnicas y métodos de trabajo son diferentes, pero están regidos por un sistema administrativo común, están regulados por lineamientos similares y persiguen objetivos semejantes.

Tal podría ser el caso de una compañía automotriz, esta cuenta con diversas plantas ubicadas en diferentes puntos de la república; una donde se fabrican las carrocerías, otra donde se hacen los motores, otra donde se elaboran las suspensiones, una planta armadora, etc., su sistema administrativo es el mismo, sus técnicas de trabajo varían de acuerdo con la actividad que cada planta realiza pero su objetivo general es el mismo: la fabricación de unidades automotrices.

Otro caso podría ser el de un Ministerio de guerra, cada una de sus dependencias, direcciones, departamentos, jefaturas, etc., cuenta con sus propias unidades ubicadas en diferentes puntos de la república, todas están regidas por un sistema administrativo y legal común, sus métodos y tácticas son diferentes, pero todas persiguen el mismo objetivo: la seguridad nacional.

GRUPOS COMPLEJOS SECUNDARIOS

Se considera así a todo agrupamiento que se desenvuelva dentro de una amplia configuración social, sus componentes viven en lugares distantes y se encuentran dispersos; sin embargo están ligados por el mismo idioma, por un estilo de vida similar, gobernados por las mismas leyes, sus patrones de conducta y culturales son similares, comparten tradiciones y sentimientos nacionales; son susceptibles a lo que en psicología llaman "reacción en cadena", es decir, tienen respuestas comunes a estímulos similares; como ejemplo podríamos citar a los integrantes de un país, que comparten las características antes citadas.

CAPITULO CUARTO

ORGANIZACIÓN PARA EL TRABAJO

En todas las organizaciones creadas por el hombre existen disposiciones que rigen su funcionamiento, este capitulo no pretende entrar en conflicto con esas disposiciones, el propósito estriba en la sugerencia de algunos lineamientos que pudieran ser de utilidad para aprovechar mejor las características de los individuos en beneficio de la organización y de la sociedad a la que sirven.

Lo primero que ha de tomarse en cuenta es la finalidad para la que fue creado el organismo, ante todo las acciones deben enfocarse a satisfacer esa necesidad, antes aún, que a facilitar el trabajo de los integrantes de la institución; debe tomarse en consideración que las dependencias oficiales, las fábricas, las factorías, etc., han sido creadas para satisfacer las necesidades de cierto sector de la población, no como suele suceder en muchos casos, que se piensa que gracias a que existe la dependencia apareció la necesidad.

Un amigo empleado de un municipio me platicó lo siguiente: En varias ocasiones he tenido necesidad de hacer uso de los servicios médicos, en una de ellas, me presente para solicitar una ficha para consulta médica, las otorgan a las 0600 horas, me dieron cita para las 0800 horas, que es la hora en que deben iniciarse las consultas médicas; como no me alcanzaba el tiempo para ir a mi domicilio a desayunar y regresar oportunamente decidí esperar. El médico se presentó a sus actividades a las 1100 horas, a esa misma fui atendido; cuando solicité un justificante, me fue extendido especificando solo el tiempo que duró la consulta; resultado: perdí toda la mañana y me descontaron el día en mi trabajo por no haber podido justificar todo el tiempo de mi estancia en la clínica. En otra ocasión, por un problema de tránsito (una marcha), llegué tarde a la hora de mi consulta y me negaron el servicio, me dijeron en forma descortés que los médicos no estaban a mi disposición. ¿Entonces para qué se llama: Instituto de Seguridad y Servicios Sociales...?. ¿No es para cubrir sus salarios que nos descuentan las cuotas de seguridad social?

El jefe debe aceptar la responsabilidad de corregir las fallas que detecte en el área de su responsabilidad, y actuar con valor para solucionar los problemas que pudieran presentarse.

HAGA LOS CAMBIOS NECESARIOS

Un conocido me platicó la siguiente anécdota: en cierta ocasión tuve necesidad de sacar la copia de un documento ante una Agencia del Ministerio Público, el policía que fungía como recepcionista me interrogó para saber la causa de mi presencia, acto seguido entró al privado, poco después salió y me dijo: enseguida le llaman; después de dos horas me llamaron. La abogada me interrogó nuevamente y me entregó un formato por duplicado, indicándome que lo llenara afuera y lo entregara al policía; una vez lleno, éste lo tomó y pasó nuevamente al privado, cuando salió me indicó: "un momento", - para entonces ya estaba desesperado, midiendo el tiempo — 40 minutos después me indicaron que pasara, la abogada me entregó el original de mi solicitud indicándome: con este documento pague en la tesorería. Salí y le pregunté al policía en que piso se encontraba la tesorería, este me indicó un domicilio al otro lado de la ciudad; para llegar tuve que tomar dos camiones y después formarme al final de una larga fila ante una sola caja (había tres más pero no funcionaban); por fin pude efectuar el pago. Desande el camino para recoger la copia y encontré la oficina cerrada. Regresé a mi domicilio por la noche; para esto debo aclarar que vivo en una población distante.

Al día siguiente, satisfecho por haber superado la odisea del día anterior, me presenté a la Agencia del Ministerio Público 15 minutos antes de su horario de entrada, ya había dos personas esperando, con resignación me formé y esperamos a que abrieran; llegó puntual el policía, abrió, firmamos el registro y nos dispusimos a esperar la llegada de los funcionarios, en tanto, el policía sacó su torta, un termo con café y el periódico. Media hora más tarde llegó la abogada que debía atenderme, lógicamente pasaron las personas que llegaron antes que yo.

Por fin, una hora y 45 minutos después me encontraba frente a la profesionista y le entregue el recibo, ella llamó al policía, le dio un legajo indicándole cual era el documento solicitado y me pidió que acompañara al susodicho; fuimos a la papelería ubicada al otro lado de la calle donde sacó una fotocopia del documento que desde luego tuve que pagar, además del pago hecho en la tesorería, regresamos a la Agencia y nuevamente me indicó que esperara; una hora después me llamaron y por fin me entregaron lo solicitado, regresé a mi domicilio ya entrada la tarde; dos días para sacar una copia.

Como podemos observar en el presente ejemplo, no existe el menor respeto para las necesidades del usuario, a pesar de que esa institución fue creada para satisfacerlas, el servicio podría mejorarse aplicando algunas medidas claras y sencillas; casi en todas las ocasiones, el jefe que recién llega para hacerse cargo de una institución, deja la organización de la misma, tal y como la encontró, no utiliza su iniciativa para mejorar la organización, tampoco hace las modificaciones necesarias para brindar un mejor servicio, generalmente no tiene el valor de hacer cambios, prefieren que todo siga igual para evitarse problemas; en el caso que nos ocupa, entre otras, podrían considerarse tres modificaciones:

Primera: Facultar al policía recepcionista para realizar algunas actividades adicionales, como el manejo de formatos, con esta medida podría brindarse un poco de comodidad tanto al usuario como al funcionario, con el consiguiente ahorro de tiempo.

Segunda: En el mismo edificio se encuentra la Oficialía del Registro Civil, que cuenta con una caja recaudadora del sistema municipal, los pagos que se efectúan por parte del Ministerio Público son del sistema estatal, sería conveniente hacer las gestiones necesarias para que en esa caja se recibieran estos pagos y se abonaran a la cuenta del estado; esta medida podrida llevarse a cabo mediante el uso de algún formato especial, con lo que se ahorraría tiempo, molestias y dinero al usuario.

Tercera: La citada oficialía cuenta con una máquina fotocopiadora; pudieran llevarse a cabo las diligencias necesarias para utilizar ese aparato mediante el pago del material utilizado.

En cada caso y en cada situación, el jefe deberá analizar y decidir cuales son las disposiciones que sean apropiadas tanto para dar un mejor servicio como para brindar un poco más de comodidad a los empleados y funcionarios; pero es conveniente que estas tengan tres características esenciales: que sean SENCILLAS, VIABLES y PRÁCTICAS.

SENCILLAS: Para que se puedan llevar a cabo sin complicaciones, accionarse rápidamente y no suceda lo que en un conocido refrán, "resultó peor el remedio que la enfermedad".

VIABLES: Que exista la posibilidad de aplicarlas con la menor cantidad de cambios y con resultados positivos.

PRACTICAS: Para que realmente aporten un beneficio tanto a la institución como al usuario y puedan manejarse con facilidad.

En la actualidad los cambios que se hacen en los organismos es solo para facilitar en trabajo de los empleados de las instituciones y nunca, o solo en muy raras ocasiones se hacen para beneficiar al usuario, que es el motivo de la existencia de esas instituciones y el que realmente las sostiene; en muchos casos la institución abusa de la necesidad del ya citado usuario.

El organismo burocrático debe ser utilizado para facilitar y simplificar las gestiones de las personas que hacen uso del servicio; no como actualmente sucede, tal parece que el organismo fue creado para entorpecerlas; como lo especifica la siguiente descripción: "Burócrata: persona encargada de dificultar asuntos fáciles".

CAPACITACION DEL PERSONAL

En la actualidad son pocas las agrupaciones que aceptan invertir en la capacitación de personal; con demasiada frecuencia vemos en las ofertas de empleos, requisitos como el siguiente: "Dos años de experiencia en el ramo"; la política laboral de estos organismos es contratar personal ya capacitado, utilizarlo y si su funcionamiento no es adecuado lo liquidan y lo despiden. A propósito de este requisito me Hago la siguiente pregunta: ¿Cómo va a adquirir experiencia el personal si no se le brinda la oportunidad de trabajar?.

Con este procedimiento se corren muchos riesgos y en realidad las ventajas son mínimas; es verdad, cuando el elemento contratado cuenta con la experiencia requerida puede empezar a producir de inmediato, suelen también aprovecharse los conocimientos y habilidades adquiridos en otros trabajos y no se invierte tiempo y dinero en capacitar al personal. También es cierto que no se puede confiar plenamente en la lealtad de esos elementos; no se puede tener la certeza de que lleguen a sentir devoción por su trabajo; no se puede confiar en la experiencia adquirida en otras instituciones; no se puede saber si se separaron dignamente de su empleo anterior y muchos inconvenientes más.

Ciertamente, la capacitación no es redituable a corto plazo, pero a largo plazo produce mayores dividendos que contratar personal con experiencia, ya que junto con estas habilidades podría traer vicios que a la larga resultaran nocivos a la institución.

Las organizaciones que deciden invertir en la capacitación de personal joven, de nuevo ingreso, obtienen múltiples beneficios, uno de ellos es la seguridad, ya que este, generalmente no esta maleado, por tal motivo es posible inculcar en ellos un sentimiento de lealtad y amor por el trabajo que van a desarrollar, inculcar el espíritu de cuerpo, fomentar la iniciativa; encausar la preparación para desempeñar el trabajo exacto que conviene a la empresa, etc.

No es indispensable crear un centro de adiestramiento, sencillamente, al contratar personal sin experiencia puede rolarse por las diferentes áreas de trabajo hasta encontrar el puesto donde el citado elemento se adapte mejor a las actividades y se sienta a gusto, en este sitio, se le pone bajo las órdenes de trabajadores de probada lealtad y experiencia, para que aprenda de ellos.

UBICACIÓN DEL PERSONAL

Para un jefe, no es tarea fácil ubicar al personal en el cargo en que pueda ofrecer mejores resultados, hace falta tener un conocimiento adecuado del área en que se desempeña, entender el comportamiento humano y poseer sentido común.

CONOCIMIENTO DEL AREA

Casi siempre, los jefes llegan a sus puestos porque tienen un profundo conocimiento del área, han pasado por los diferentes departamentos y secciones de las mismas, conocen el funcionamiento del organismo, así como la forma de dar solución a los problemas y necesidades que se presenten; ¿pero que sucede cuando este requisito no se cumple?, veamos la siguiente anécdota:

Un ciudadano fue electo alcalde de su municipio después de una brillante campaña política, en la que demostró un profundo conocimiento de las necesidades de la población. Después de tomar posesión de su cargo nombró como sus colaboradores a sus amigos cercanos y a algunas personas que le ayudaron en su campaña, sin comprobar su aptitud para el cargo; Con él propósito de lograr autonomía en su desempeño estableció una serie de candados para evitar el acercamiento con la gente. Al inicio de su gestión, tomaba decisiones acertadas pues conocía las necesidades, pero poco a poco fue perdiendo contacto con la realidad, pues solo escuchaba lo que sus colaboradores querían decirle; miraba y actuaba a través de ellos; de tal manera que aún cuando hacía frecuentes recorridos por las comunidades, solo veía lo que ellos querían mostrarle. De esta manera perdió contacto con la realidad y sus decisiones dejaron de ser acertadas.

Para mantener el conocimiento del área, es necesario que el jefe esté en continuo contacto con el medio que le rodea, no puede depender de las experiencias iniciales, ya que todas las situaciones cambian; tampoco de opiniones ajenas, si se descuida puede perder el contacto con la realidad.

ENTIENDA EL COMPORTAMIENTO HUMANO

El ente humano es el más complejo de los habitantes de este planeta, su comportamiento no se ajusta totalmente a ninguna norma, cada uno es diferente, tiene voluntad propia para actuar, característica que hace que cada conducta sea personal pues no obedece a un instinto determinado ni se ajusta a un patrón específico. Si hablamos por ejemplo del instinto maternal, nos damos cuenta que toda mujer lo tiene, pero cada una de ellas lo aplica de manera diferente; cada una ama a su hijo en forma personal, lo alimenta a su modo, lo educa con su sello propio.

Hace poco escuché en un jardín de niños, la siguiente conversación entre la educadora y una madre de familia:

Educadora: Señora, su niño ha faltado muchos días a clase, la directora me advirtió que si esto continúa igual se le dará de baja, con el objeto de darle el lugar a otro niño que sí quiera trabajar.

Madre de familia: ¿Maestra que hago?, El niño no quiere venir, se niega a levantarse y a desayunar, si lo traigo a la fuerza se queda llorando.

Como podemos observar, esta madre actúa en forma opuesta a la mayoría de las mamás, que obligan a sus hijos a cumplir con un deber, aún cuando esto ocasione en los niños algún sacrificio les inducen a ser responsables.

Las personas están dotadas de inteligencia, característica que hace que cada una vea las cosas de diferente manera, que actúen en forma independiente, que tengan intereses personales, en pocas palabras, es un individuo único, nunca ha existido ni existirá otro igual; por tal motivo no es posible encajonar al ser humano en un prototipo único de conducta.

El jefe debe considerar estas peculiaridades, para observar, evaluar y comprender la conducta de cada persona y así poder ubicarla en el puesto donde su rendimiento sea optimo.

UTILICE EL SENTIDO COMUN

El *Sentido Común* es la intuición racional que tiene cada persona, que la ayuda a percibir las verdades trascendentes; es disímil en cada sujeto, varía de acuerdo a factores individuales como educación, escolaridad, costumbres, y todos aquellos que auxilien al individuo para alcanzar los elementos que integran el saber.

Quisiera en este espacio, hacer una pequeña consideración: muchos de nosotros, yo entre ellos, durante mucho tiempo lo hice, confundimos la educación con la escolaridad, esto es quizá, a causa de que en nuestro sistema contamos con una Secretaría de Educación Pública.

En forma personal, considero que la educación es el conjunto de enseñanzas que se adquieren en el hogar, particularmente en el seno materno; ahí, se inculcan el respeto, el amor, la moral, la educación religiosa, el patriotismo, etc., toda una gama de valores espirituales que desgraciadamente se están perdiendo; dije particularmente en el seno materno porque he observado, que cuando falta la educación de la madre, y es el padre quien se encarga de ello, la susodicha educación sufre una merma considerable, pues el padre al carecer del instinto maternal y al tener que trabajar para mantenerlos, dedica menos tiempo y convive poco con sus hijos.

La escolaridad es el conjunto de conocimientos culturales y científicos, que se adquieren precisamente en las escuelas, los que se alcanzan a lo largo de la vida, además de los que se obtienen con la lectura constante como autodidactas.

Saber significa también, valor, comprensión, experiencia y sobre todo fe en sí mismo y en sus convicciones, todo lo anterior, convenientemente aplicado puede convertir al conocimiento inactivo en habilidad y sus hipótesis en certidumbre, sobre todo en esta época en que la humanidad sufre la perdida del sentido de la justicia y de los valores del espíritu.

Durante las actividades normales, el jefe procurará utilizar esta intuición para analizar las actitudes y aptitudes de su personal, y sobre este escrutinio, razonar y discernir en forma metódica sobre sus observaciones, distinguir cada una de ellas, señalando las discrepancias que perciba; una vez realizado el análisis, deducir cual pudiera ser el puesto o el cargo en que mejor se desempeñe el subalterno observado.

El jefe deberá llegar a una hipótesis razonable, considerando siempre que cada elemento es diferente a los demás, que nadie tiene la concesión exclusiva de la verdad, ni conoce todos los secretos; a menudo deberá tomar una determinación, aún cuando la información que posea no este del todo completa; precisamente en esos casos influye la educación que percibimos de nuestros padres y la escolaridad que va más allá de las aulas.

Siempre llevará el riesgo de equivocarse al colocar a un elemento determinado, en él puesto que considere apropiado para que esa persona realice un buen desempeño en sus actividades y si falla tendrá que empezar de nuevo, hasta encontrar la ubicación adecuada; estará plenamente consciente de que es necesario arriesgar, si no lo hace caerá dentro del conjunto de hombres temerosos y tímidos que son incapaces de tomar una resolución que implique algún riesgo; y sin riesgo no hay progreso.

CONCLUSION

En el presente trabajo se ha recalcado el lamentable olvido del elemento humano en las diferentes organizaciones humanas y en nuestras instituciones; generalmente se le considera como un integrante más de los que forman una corporación, sin que se le conceda la atención personal que merece; la mayoría de los jefes no conocen a sus subordinados como individuos, ignoran su capacidad, sus intereses, sus problemas, etc., al asignar tareas lo hacen sin tomar en cuenta su competencia o su talento para cumplirlas, e imparten órdenes que en muchas ocasiones solo ellos entienden.

El jefe siempre ve las fallas en las actitudes de sus subordinados y trata de que las suyas pasen desapercibidas; es bueno para su salud mental que enfrente sus deficiencias y trate de cambiar sus actitudes negativas ya que en muchas ocasiones, condena los malos aspectos de personas jóvenes, sin tomar en cuenta que en el momento en que tuvo esa edad, cometió los mismos o peores errores.

Debe darse la oportunidad, no de corregir o castigar, porque ello implicaría la imposición de un criterio, si no de inducir a un cambio positivo de conducta mediante la iniciativa personal; no tanto a encontrar al responsable de una falta para castigarlo, si no a localizar la causa que originó el problema, para subsanarla y evitar que ocurra nuevamente.

Es útil considerar que normalmente, aún cuando no es siempre, el jefe posee una cultura superior a la mayoría de sus subordinados, una mayor experiencia y sobre todo es el símbolo de autoridad en el área de su responsabilidad; en muchas ocasiones esto es olvidado por el dirigente e imparte órdenes como sí sus subalternos tuvieran las mismas características que él; cuando observa los resultados de esas instrucciones, nota con pesar que no fue comprendido. Al platicar con su personal, durante las academias, al impartir una orden o girar instrucciones, procure descender al nivel de la persona con la que trata; o bien, ponga su máxima atención al escuchar a sus superiores para evitar malos entendidos.

El buen empleo de las *RELACIONES HUMANAS* en el ejercicio del mando influye en una parte del éxito del jefe, en la otra *EL DON DE MANDO*, que es el talento, la habilidad, la inteligencia para planear y llevar a cabo la conducción y dirección del personal a sus órdenes; si logra combinar en forma equilibrada estas dos cualidades habrá dado un paso importante para conducir o dirigir grupos humanos.

El plantear cambios en organizaciones complejas y tradicionalistas implica la posibilidad del fracaso, sin embargo, para obtener resultados positivos en cualquier actividad es necesario tener la voluntad de correr riesgos; mucha gente suele esperar a que otros tomen la iniciativa, pero si usted desea triunfar debe aprender a fracasar, sin que ello signifique tras el fracaso entregarse a la pesadumbre, hay que comenzar de nuevo; siga adelante, saque beneficio de los contratiempos, aproveche las experiencias que dejan las situaciones fallidas; el fracaso es el acicate de los triunfadores.

Recuerde, que si una embarcación permanece al amparo del puerto no corre peligro, pero tampoco llega a ninguna parte. Los que han logrado las más significativas conquistas de la historia no hubieran triunfado si hubieran observado todas las reglas de la prudencia, y con cautela calculado las posibilidades de éxito. Para poder triunfar deben correrse riesgos.

Solo existen dos tipos de hombres; los que se lanzan a triunfar arriesgándolo todo y los que se sientan a observar el paso de los triunfadores, suya es la elección.

ACERVO ANALIZADO

A. R. M. O.
Las Relaciones Humanas en las Funciones del Supervisor.
México 1973.

BEAL JORGE M. Y RAUDABAUGH J. NEIL
Conducción y Acción Dinámica del Grupo.
Kapelusz. Buenos Aires. 1964.

CERNA MANUEL M. Profesor.
Apuntes Sobre Relaciones Humanas.
S.E.P. México. 1972.

DIAZ INFANTE FERNANDO
LA Educación de los Aztecas.
Biblioteca del Oficial Mexicano. México. 1983.

HERSEY PAUL y BLANCHARD KENNETH
La Administración y el Comportamiento Humano.
México. 1970.

MANSO B. ABELARDO J.
Elementos de la Psicología para el Trabajo Social.

SUAREZ MARTIN Coronel.
Para la Formación del Jefe.
Biblioteca del Oficial Mexicano. México. 1986.

WEIL PIERRE
Relaciones Humanas entre los Niños, sus Padres y sus
Maestros.
Relaciones Humanas en el Trabajo y en la Familia.
Kapelusz. Buenos Aires. 1965.

ÍNDICE

PRIMERA PARTE
VINCULOS PERSONALES

SEGUNDA PARTE
DON DE MANDO

TERCERA PARTE
ORGANIZACIÓN PARA EL TRABAJO